家长有远见，孩子有格局

万玮 著

上海教育出版社
SHANGHAI EDUCATIONAL
PUBLISHING HOUSE

图书在版编目（CIP）数据

家长有远见，孩子有格局／万玮著．-- 上海：上海教育出版社，2023.1（2023.6 重印）
ISBN 978-7-5720-1807-7

Ⅰ.①家… Ⅱ.①万… Ⅲ.①中小学生—家庭教育—演讲—文集 Ⅳ.①G782-53

中国版本图书馆 CIP 数据核字（2022）第 239759 号

策　　划　源创图书
责任编辑　董　洪
特约编辑　吴法源　王　莹
责任印制　梁燕青
内文设计　许　扬
封面设计　谈天工作室

Jiazhang You Yuanjian, Haizi You Geju
家长有远见，孩子有格局
万玮　著

出版发行　上海教育出版社有限公司
官　　网　www.seph.com.cn
地　　址　上海市闵行区号景路159弄C座
邮　　编　201101
印　　刷　北京华宇信诺印刷有限公司
开　　本　710 × 1000　1/16　印张　12.5　插页　1
字　　数　170千字
版　　次　2023 年 1 月第 1 版
印　　次　2023 年 6 月第 2 次印刷
印　　数　5,001—8,000 本
书　　号　ISBN 978-7-5720-1807-7/G · 1650
定　　价　58.00元

如发现质量问题，请向本社调换　电话 021-64373213

目录

目 录

/ 中 编 /

教育的有用与无用

/下 编/

自由的下一代

自　序

2021 年 4 月 23 日晚上，我在上海青浦平和双语学校的大礼堂，面对近五百名观众，做了一场 90 分钟的演讲，主题是“基因与环境，哪一个对孩子成长的影响更大”。

为准备这场演讲，我阅读了很多家庭教育方面的图书。市场上家庭教育类的图书浩如烟海，许多年轻的父母阅读了大量的教育类图书与文章，然而在教育孩子的时候依然有很多困惑与焦虑。我选择基因与环境对孩子成长的影响这个视角，也是试图帮助大家厘清思路，更理性客观地看待孩子的教育和成长。

此次演讲的听众主要是家长。作为上海市民办平和学校（后文简称“平和”）的校长，我时常受邀为家长做演讲。平和是一所十二年一贯制的双语学校，办得还不错，在上海有一定的影响，受到不少家长的关注。在发表这些演讲时，我给自己的定位是，以教育者而非校长的身份宣扬教育理念，缓解家长的焦虑，而不是简单地介绍自己的学校。因此，对教育感兴趣的听众，无论是家长还是教育从业者，都或多或少能从我的演讲中得到启发，有所感悟。

《基因与环境，哪一个对孩子成长的影响更大》的演讲反响不错，在平和官方微信公众号上，这篇演讲稿的推文点击量很高，许多平台都转载了。有读者在推文后留言说，演讲稿解答了自己多年来的困惑。过去几年，我已在不同场合面向以家长为主体的听众做了二十多场演讲，累积了二十多篇演讲稿。前几年有人建议我将这些演讲稿整理出书，当时我觉得时机不成熟，没有应允。现在则是瓜熟蒂落，水到渠成。

本书分为三个部分。上编是“家庭教育的视角”。教育牵动着千家万户，也决定了民族的未来。社会在发展，技术在发展，环境在发展，人也在发展，因此教育永远在发展。改革开放以来，伴随着经济的发展，教育的受重视程度日益提高，但过于精细化的家庭教育反而导致孩子成年后人格与心理的不健全。日本教育家佐藤学曾说过，教育研究需要三个视角——飞鸟之眼、蜻蜓之眼与蚂蚁之眼，这三个视角分别对应了宏观、中观与微观。我的视角偏宏观与中观。十年树木，百年树人，我总是试图用更加长远的眼光来看待教育问题。

教育者需要学会在不同的视角间切换，尤其要警惕经验主义。经验是一把双刃剑，其好处是，我们找到自己认同的一些原则、结论、规律、模型后，能够高效甚至自动化地处理一些问题；其坏处是，一旦形成思维定式，我们就会囿于其中而不自知，故步自封、刻舟求剑。我经常反思自己思维的盲区与局限，力图挣脱经验的束缚，尝试从不曾使用过的视角来看待教育，也因此常常看到新的风景。

中编“教育的有用与无用”带有一些哲学色彩。德国哲学家伊曼努尔·康德（Immanuel Kant）的美学中有一个概念叫“无目的的合目的性”。例如，一朵生长在深山之中的花儿很美，但没有人看到，这种美是天然的，无目的的。但它的形式的美在偶然被人看到之后，反而满足了审美的“合目的性”。我们今天的教育恰恰反过来，是“有目的的不合目的性”。一些家长内心焦虑、急功近利、揠苗助长，教育的目的性太强，结果培养出来的孩子反而远离了原来的教育目的，这就叫作“不合目的性”。

我的母校复旦大学追求一种“自由而无用的灵魂”。什么叫有用？什么叫无用？现在看来有用的，将来可能无用；现在看来无用的，将来可能就满足了“无目的的合目的性”。教育者应把眼光放长远，因为站在未来看现在的教育，何为有用，何为无用，何为成功，何为失败，还难说得很。

下编“自由的下一代”更关注孩子们。这部分的演讲稿内容不仅仅面向家长，也面向学生。我曾经连续好几年在高一新生的第一次年级大会上做演讲，同时也邀请家长和老师参加。一些校长是在学生毕业时谆谆教导，我则相反，在毕业典礼上的致辞通常比较简短，但我会认真准备学生入学后的第一次演讲。我把自己对教育的思考讲给孩子们和家长们听，老师们也通过一次次这样的演讲，对学校的办学理念有了深入的理解。

总体而言，我对下一代充满期待。他们有见识，有担当；他们的平台好，起点高；他们才艺全，素质优；他们少功利，少约束。家长们无须担忧，长江后浪推前浪，一代人有一代人的使命，他们一定会成为中华民族伟大复兴的中坚力量。我羡慕他们，他们是自由的下一代。

本书的读者可以是家长，也可以是所有对教育感兴趣的人。人生是宽广的，我自己依然有很多教育困惑。当校长与发表演讲、出版图书一样，都是一种认识自我、持续成长的修行。

2022 年 5 月

上 编

家庭教育的视角

家庭教育的三个视角

日本教育家佐藤学曾说过，教育研究需要三个视角，分别是飞鸟之眼、蜻蜓之眼与蚂蚁之眼；这三个视角分别对应宏观、中观与微观。我这次主要想谈谈家庭教育中的这三个视角。

一、飞鸟之眼

飞鸟的视野比较开阔，它看到的是大目标，拥有大格局，对地面上微小的物体反而不那么在意。用飞鸟之眼看家庭教育，是指考虑大问题、元问题。

1. 西瓜的本质

春末夏初，西瓜开始上市。我比较喜欢吃西瓜，单位正好发了两箱。晚上下班回到家，吃完晚饭后，我切开西瓜，一口气吃了半个。后果是什么？就是夜里我会起夜。起夜是一件很痛苦的事，会给我带来三个麻烦：首先，我会做不太好的梦，在梦里到处找厕所；其次，如果睡眠不好，起夜后便很难入睡；再次，为了尽快入睡，我不会开灯，我半梦半醒、迷迷糊糊，起夜时一不小心就会撞到什么东西。所以，晚上睡觉之前，我不能吃西瓜，虽然它对我很有诱惑力。

我用飞鸟之眼来看这件事，一下子就能看穿：西瓜的本质是水！

就好像《西游记》里的孙悟空看到白骨精假扮的姑娘便大喊一声“妖怪！”，挥起金箍棒就要打。想清楚西瓜的本质是水，西瓜的诱惑力就没有那么大了，我就能很好地控制自己，睡觉前少吃。

2. 孩子的本质

黎巴嫩诗人卡里·纪伯伦（Kahlil Gibran）有一首很著名的诗《孩子》：

孩子

你们的孩子并不是你们的孩子。
他们是生命对自身的渴求的儿女。
他们借你们而来，却不是因你们而来，
尽管他们在你们身边，却并不属于你们。
你们可以把你们的爱施与他们，却不能施与思想，
因为他们有自己的思想。
…………[1]

这就是飞鸟之眼，让你看清楚一件事情的来龙去脉。你的孩子的确是因你而来，却不属于你，而且终将离你而去。你还有什么烦恼呢？

每个人都有各自不同的命运。如果家里有不止一个孩子，你会发现两个孩子差异极大。外人看起来俩孩子挺像，但你知道他们是完全不同的个体。他们从小便是不同的性格，有不同的命运，将来一定会走不同的道路。

---

① 纪伯伦. 先知·沙与沫 [M]. 伊宏，译. 长春：时代文艺出版社，2018: 52.

3. 人生的本来面目

无论是家庭教育还是学校教育，都在我们身上留下了烙印和痕迹。那么，这个烙印与痕迹是什么？人生的本来面目是什么？我们希望自己过什么样的人生？我们的父母当年对我们的要求是什么？那些要求合理吗？

我认识一位家长，她在生了两个孩子以后，辞去工作做全职妈妈。带孩子又苦又累，她经受了很大的“折磨”。后来，为了能让孩子到平和读书，她应聘成为平和的教师。有一天她顿悟：“教育的本质是成为更好的自己。陪孩子的这几年里，她看清了自己。”她改变了，孩子也就会改变。

这也是飞鸟之眼。孩子因你而来，帮助你更好地认清自己。这是家庭教育的本质！

二、蜻蜓之眼

蜻蜓飞行时有一定的高度。通过蜻蜓之眼，我们可以在一个相对长的周期里来关注孩子的发展问题。

1. 人类未成年期为何那么长

我曾经看过一个纪录片，一只鹿出生后，挣扎了半小时居然站起来了！人类完全做不到。大猩猩出生后三四个月会走路，八九岁开始性成熟，十来岁就能生孩子了。人类在十岁的时候很多东西都还不懂。人类的未成年期为何那么长？因为人类需要学习的东西太多了。人类通常一胎只生一个孩子，还要精心养育很多年。直到青春期结束，年满十八周岁，孩子才算成年。

2. 孩子成年之前需要准备什么

世界是不确定的，人类在成年之前一直在学习一件事：如何面对未来的不确定性。孩子可以分为两种类型：一种是兰花，一种是蒲公英。兰花很娇贵，对环境比较挑剔；蒲公英的适应性很强，到哪里都能活。我们希望自己的孩子是哪一种？

化用印度诗人泰戈尔的诗句，好的教育就是让孩子踏入生活之河而毫无惧色。在成年之前，孩子的主要任务是探索与学习，为将来踏入生活之河做准备。《园丁与木匠》一书认为，孩子有三种主要的学习方式：试错、模仿、听讲。前两种其他动物也会，只有第三种是人类独有的。然而，听讲代替不了试错与模仿，因此，我们需要给孩子自由的空间，让他们去探索、去学习。

如何让孩子踏入生活之河而毫无惧色？我认为三个因素很重要，对孩子的未来会产生影响。

第一个是安全感。孩子的安全感跟童年的经历有关，童年的经历会深深地影响成年后的生活。如果孩子在童年期获得的爱与关怀足够多，孩子的安全感就会很充足。反之，如果孩子在童年期有心理创伤，那么童年期的心理创伤会在孩子的心里留下印痕。它潜伏在潜意识的深处，在受到外部刺激时就会跳出来，改变孩子的人生。

第二个是见识度。“纸上得来终觉浅，绝知此事要躬行。”“曾经沧海难为水，除却巫山不是云。”很多事情，你经历过，就知道了；经历得多，就分得清好坏。经历过的事情，你加以刻意练习，就熟练了；熟练的事情，自己感兴趣，再下一番功夫，就精通了。一个人在社会上行走，没有几件精通的事情，很难站稳脚跟。

孩子在学校里学的东西有的会跟生活脱节，所以将来走上职场后，他们还需要重新学许多东西。比如，倘若孩子到了谈婚论嫁的年龄，却缺乏与异性交往的经验，不知道自己究竟喜欢什么样的人，也不知道究竟什么样的人适合自己，则会空留遗憾。

曾经有新闻报道过，孩子们不好好读书，父亲们讲道理没有用，于是就让孩子们去体验读书之外的“别样生活”。比如，一位父亲让孩子到餐馆打工，一位父亲甚至让读小学的儿子到农村去挑东西。有了这些体验之后，孩子们反而开始珍惜读书的日子，重回校园后精神状态发生了很大变化。

第三个是意志力。意志力的本质是自我管理能力。我们可以随心而动，但更多的时候，我们需要理性的判断和决策。一位老师把学生的成绩发到微信朋友圈，学生家长要求他道歉，这位老师一怒之下提出辞职。在跟学校里的老师分享这个案例时，我说：“这位老师需要反省自己。第一，把学生的成绩发到微信朋友圈就不妥；第二，面对个别激动的家长，这位老师没有控制好情绪。遇到这么点儿事情就辞职，那世上有什么工作是可以不受委屈、没有风险，就能轻轻松松完成的？”

3. 正确培养天才

《人物》杂志曾发表过一篇关于奥数（“奥林匹克数学竞赛”的简称）天才付云皓的文章，这篇文章传遍互联网。付云皓当年可是奥数界的风云人物，他是2002年和2003年连续两年的国际数学奥林匹克竞赛满分金牌得主，而且那两年的题目特别难。付云皓被保送至北京大学，却没能拿到本科毕业证书。

在我看来，付云皓没能顺利从北京大学毕业的原因，是他当年的数学光环太过耀眼，导致他在进大学之前，除了数学，根本没有做好学习其他科目的准备。

生活远不止竞赛，也不会细分学科。一个男孩儿成长为男人，得经历很多磨难与淬炼。在踏入生活之河时，付云皓远没有做好准备，这是他的父母需要反省的。

三、蚂蚁之眼

蚂蚁的视野有限，但是对所见之物的观察细致入微。大多数家长采用的是蚂蚁之眼的视角，关注的是微观层面的教育。他们会买很多育儿书，听很多成功家长的经验介绍，羡慕“别人家的孩子”。我对用蚂蚁之眼来看家庭教育有两个观点。对各位家长来说，这两个观点一个属于好消息，一个属于坏消息。

1. 好消息

《园丁与木匠》一书说，孩子其实是一个经得起折腾的物种。即便父母没有经验，在家庭教育中犯过无数错误，后果也不会非常严重，因为孩子的容错能力很强。独生子女曾被认为是被宠坏的一代，是“小皇帝”“小公主”，但是美国人做过一项研究，得出了两个结论。第一，独生子女对成就的野心更大，自尊心更强，跟家长的关系更好。第二，在成熟度、合作精神、自控力、感情稳定度、社交参与度、外向度和受欢迎程度方面，独生子女跟其他孩子没有任何区别。

再比如说，有的专家说父母离婚对孩子影响很大，甚至会毁了孩子的一生。但是，美国约一半的孩子要么在 18 岁之前经历过父母离婚，要么根本就是非婚生子，但这些孩子并没有被毁掉。

2. 坏消息

《园丁与木匠》一书认为，家长对孩子的影响主要体现在三个方面：遗传基因、家庭环境、具体操作。

我读过的一篇文章说，在孩子的遗传基因中，决定身高的基因，父母各占一半；决定智商的基因主要在妈妈；决定性格的基因由爸爸主导；决定相貌的基因情况比较复杂，因为孩子的五官受父母遗传的影响各不相同。

遗传基因属于先天的影响，后天的影响则主要指家庭环境。中国家庭通常较注重教育，有的家长常常对孩子说“你看看人家”，以致家族里一个成功的孩子往往会成为其他孩子的噩梦。

我要讲的坏消息是，在遗传基因与家庭环境已经确定的情况下，具体操作——各种不同的育儿手段，基本没什么用。这是《园丁与木匠》一书中给我最大冲击的观点。《园丁与木匠》一书认为，你不用刻意追求，因为你刻意追求的方法很可能不适合你的孩子，或者根本就是不对的。当然，即便不对，对孩子也不会产生根本性的影响。

难道家长什么都不用做，只能顺其自然吗？当然不是。根据我多年来的思考，在微观层面，家长需要着重做两件事。

3. 好家长要做两件事

第一件事，修炼自己。你是一个什么样的人，比你用什么样的方法养育孩子重要得多。家庭环境是什么？如果不是三代同堂、四代同堂，那家庭环境就是父亲和母亲。

我曾经听过一个故事。一位父亲到已经结婚的女儿家做客，看到女儿刚下班回来便忙得团团转，又要做饭，又要带孩子，还要打扫卫生，同时还要打电话帮自己订返程票。而女婿则悠闲地坐在沙发上看电视，指挥女儿帮他洗衣服。临走前，父亲给女儿留了一封信。信里说：

宝贝，对不起！

对于你要一个人承担这一切，我感到很愧疚。我从来没告诉过你，你所做的一切其实不应该由你一个人完成，你的丈夫也有责任。但是，我没有资格批评他，因为我也从来没有帮过你的妈妈。

所以，努力把我们自己修炼得更好，其实是最好的育儿方式。

第二件事，建立连接。养育是一种关系，而不是一种技巧。我们要关注的是父母与孩子之间的亲子连接。只要心是联通的，父母与孩子在一起时即便不说话，也是一种很好的陪伴。如果孩子的心门关闭了，即便天天在一起，父母也很难对孩子产生积极的影响。建立这种关系的主动权，在父母手里。

家庭教育的视角，远不止这三种，站在不同的高度与角度，我们能看到不同的风景。

（*2018* 年 *8* 月）

教育中的三个“更重要”

我很希望能与家长们分享教育中的三个“更重要”。

一、家庭比学校更重要

有的家长为给孩子择校而焦虑，似乎只要孩子能进一所好学校，便能解决所有问题。学校教育当然重要，但家庭教育的重要性往往被低估。我分享一个案例。

在一次聚会中，一位朋友谈起他教育孩子的心得。这位朋友家在上海，却常年在外地工作。曾有人总结，现在的家庭教育常走入一个误区：缺位的父亲、焦虑的母亲、叛逆的孩子。这位父亲常年在外地，有时周末也不能回家，似乎很容易缺席孩子的家庭教育。但是这位父亲非常睿智，他对孩子的家庭教育很成功。他讲完自己培养孩子的故事后，我冲他竖大拇指，认为他达到了教育专家的水准。

因为孩子从小内向胆怯，这位父亲便寻找一切机会让孩子树立自信心。有一年寒假，公司举办年会，父亲对孩子说：“来参加爸爸公司的年会吧，有很多好吃的好玩儿的。”孩子很心动，爽快地答应了。父亲接着说：“只是有一个条件，所有参加的人都要表演节目。”孩子问：“爸爸，你表演吗？”父亲说：“当然了！只要是参加年会，都得表演。”孩子很犹豫，父亲便说：“要不这样，你和爸爸一起表演一个节目。”孩子同意了。让孩子和自己一起表演是一种很重要的技巧：一是可以帮孩子降低表演的难度；二是可以将孩子与家长绑定，让孩子很难反悔。于是，父子俩开始排练老歌《真心英雄》，很快就练熟了。此外，父亲为了让孩子取得更大的进步，在一次开车过程中，播放了一首词《沁园春·雪》，孩子很快便能背诵下来。父亲借机对孩子说：“我们合唱之后，你可以留在台上，继续朗诵这首词。”

那次年会成为孩子成长过程中的转折点。父子俩的合唱引来全场阵阵掌声，在孩子朗诵《沁园春·雪》时，所有人更是和孩子一起朗诵，全场的能量都汇聚到台上，让孩子经历了一次永生难忘的巅峰体验。年会结束后，孩子给远在上海的妈妈和外婆打电话，妈妈和外婆在电话那头不禁喜极而泣，因为她们真切地感受到了孩子的那种兴奋与个性的释放。

新学期开学后，孩子完全像换了一个人，积极参加学校的各项活动，还参与班干部的竞选。尽管孩子在成长的过程中依然会遇到很多曲折，但他整个人的状态已经发生了很大的改变。这个孩子小学毕业时已经成长为一位自信的阳光少年。

当然，也有反面的例子。

平和是一所十二年一贯制的学校，我们有小学也有高中。有一年，平和高中部从其他学校录取了一名成绩很优秀的学生，他是当年被录取的学生中分数最高的人之一。但是大家没有想到，到毕业时，他的学业成绩几乎在全年级垫底。后来我们了解到，他的父母对他十分严格。上高中之前，他考的高分基本是在家长尤其是母亲的高压下得来的。平和可提供住宿，这成为他选择平和高中部的重要理由，他想努力挣脱母亲的控制。高中三年里，他和父母的关系很僵，学习上完全处于一种自我放任的状态。他与父母对抗，结果两败俱伤。

今天，我们看到大量学生在学校表现出各种问题，其根源往往在家庭。事实上，有一种理论说，成年人大部分的心理问题都源自安全感的不足，而安全感不足的主要根源就是童年期原生家庭的教育出了偏差。

我想提醒各位家长的是，孩子出现问题时，我们一定要首先反省自己。求之于外不如求之于内，这一点家长们需要向林则徐学习。林则徐曾说："子孙若如我，留钱做什么，贤而多财，则损其志；子孙不如我，留钱做什么，愚而多财，益增其过。"今天的家长，有"70后""80后"，还有"90后"，他们中的大多数人都依靠自己的努力走到今天，没有依靠父母。在成长过程中遇到的各种困难都成为他们成年之后的财富。但是，有的家长自己定力不够。比如，我身边有不少朋友在孩子读幼儿园时说他们不做"鸡血"家长；但是在孩子读小学三年级时，就会扛不住心理压力，送孩子去上各种补习班。

二、母语比外语更重要

平和是一所双语学校，很重视英语教学。平和高中部引进了两门国际课程，高中毕业生全部会选择出国留学。平和只是上海众多提供高中国际课程的学校之一。这些年，伴随着"出国热"，家长对孩子的英语学习越来越重视，甚至出现了很多中国学生英语比汉语还要好的现象。我认为这是走入了一个很大的误区。

我有一位朋友，他的孩子从小就表现出对英语的兴趣，在小学时英语水平就远超同龄人，毕业后被英国一所著名的学校录取，成为家族的骄傲。一年暑假，我的朋友召集几位挚友去英国旅游，找了一名当地导游，并让孩子做翻译。令人意外的是，孩子的翻译极其糟糕。后来，孩子说，导游说的他都懂，只是不知道如何用汉语表达。这个孩子的第一语言已经变成了英语，汉语反而退居次席。

有的家长崇尚英文，这其实是一种文化不自信的表现。我们这代人在成长的过程中形成了一个根深蒂固的观念——中国的很多方面不如西方国家。为什么有的家长一定要把孩子送出国接受高等教育？无非是觉得西方的高等教育更好嘛。必须承认，直到今天，我们在很多领域依然落后于西方国家，但因为某些领域的落后而怀疑自己，未免显得短视。

事实上，这些年上海的基础教育因为在 PISA（国际学生评估项目）测试中的优异表现而颇有了一些“教育自信”。英国高度认同上海小学数学教育，引进了上海小学的数学教材、教师、教辅乃至课程标准。西方发达国家和世界银行等组织曾经到上海来考察教育，最后得出一个很重要的结论：中国文化相当重视教育，中国自古以来就提倡尊师重教；很少有一个国家像中国这样，家长对子女的教育问题如此上心。这种教育环境实际上推动了教育的进步。英国人曾研究为什么上海的小学生算术这么好，后来发现中国小学生都背九九乘法口诀表。他们反思为什么英国没有这个，有人说原因之一在于语言——英文的乘法口诀不如中文的乘法口诀那样工整，那样朗朗上口。语言的背后是文化，学好母语是对传统文化的传承。一个人成年之后，其内心的力量主要来自两个方面：一个是原生家庭，主要指他的父母；另一个则是滋养他成长的土地，是他的家乡、他的祖国。

更重要的是，随着人工智能的发展，外语学习的重要性很快将会大大降低。若干年后，英语是否还是学校的必修课，我们的学生在成长过程中是否还需要花费大量的时间学习英语，都很难说。

三、无用比有用更重要

我上大学时学数学专业。我学得很苦，但是有优越感，因为我觉得我们学的是实打实的东西，内心很有点儿低估那些读文科的学生，觉得他们学的内容虚无缥缈。现在，我对这个问题的看法完全不同。当年我学的那些数学公式、数学定理，我已经全部忘记，反而是那些在工作生活中需要用到的人文知识，因为在大学时根本不被重视，所以现在我只能一点点重新学习、重新思考、重新感悟。

有一次，我和两位毕业于某所财经类大学的朋友聚会。这所大学是中国顶尖的大学，为中国金融界培养了诸多顶尖人才，是许多学子梦寐以求的学校。这两位朋友很为他们的母校感到自豪。他们告诉我，有数据表明，他们的母校已成为国内毕业生起薪最高的大学之一。原因在于，这所大学前两年进行了学科改革，在专业设置上十分注重应用性，又得益于中国经济的发展，学生在校期间就有很多机会去各个金融机构实习锻炼，往往还没毕业就已敲定工作；而且，金融机构的薪酬通常都不低。不过，这两位朋友话锋一转，说他们学校的毕业生毕业十几年后，通常都只能做到中层，再往上升就有点儿难了。金融机构的高层往往不是财经专业出身，这两位朋友的公司领导就是从复旦大学毕业的。

复旦大学是一所综合性大学，崇尚“自由而无用的灵魂”，其毕业生胜在综合能力强，从事一项工作，上手不会那么快，但后续发展的潜力大。一些世界顶尖大学在本科阶段崇尚博雅教育，不太强调专业深度，也正是这个道理。

我们需要在更宽广的空间与时间维度上来看有用与无用。在不同的时间和地点，我们得出的结论会迥然不同。我们站在平地上、十层楼上、几百米的山顶上，或者从飞机的窗口，所看到的风景绝对不一样。同样，用一个月、一年、三年、十年、三十年的眼光来看待孩子的成长，对什么有用、什么无用的判断可能完全不同。只要时间足够长，沧海可以变成桑田。

在寓言《龟兔赛跑》中，兔子因为骄傲，最后输给了乌龟。所以我们教育小朋友要做乌龟，不要做兔子。今天，我们回过头来再看这个故事，也许会有更深层次的思考。

我们希望孩子做千年老龟，爬得慢没关系，但要一直爬，不停歇；可是为什么要一直爬，不停歇？兔子也一定会思考这个问题：为什么要不停地跑？这涉及人生的意义。如果有一天兔子忽然想明白，作为一只兔子，它这一生的意义就在于不停地跑，它就会不停地跑，而不再偷懒。可是，有多少人能在人生一开始就想明白这一生的意义？孩子在成长的过程中会做很多在当时看来无用的事情——发呆、玩游戏、游荡，然而如果没有这些，人生就太单调、太机械、不完整，孩子对人生意义的理解也不会透彻。

我曾参加哈佛大学上海中心举办的全国重点中学校长年会，并有幸在大会上发言。大会的发言主题之一是“学生的创新能力”。我在发言中说，创新的基础是“三闲”，即闲时、闲钱与闲情。我特别提到创新能力是很难“培养”的，就如同教育家是很难“培养”的一样。闲时和闲钱都可以创造，闲情却太难具备了。

我平时喜欢写点儿小文章，很多人认为其中一些文章写得不错。我在写文章时一般会考虑两个要素。第一，文章要有思想。我是学理科出身，我认为写一篇文章总要表达一个道理，无论这个道理是直白的还是隐晦的。我总是有了想法而且觉得这个想法有道理后才开始写。第二，文字很重要。好的文字让人读后唇齿留香，而不好的文字让人读时味同嚼蜡。

有主旨思想，并且大家都认为有道理，很受启发，文字也不错，已经算是一篇好文章了。但是，文章要成为艺术品还要具备一个要素，那就是作者的“闲情”。准确的描述是，文章要反映作者写作时的“生命状态”。以前，我们读朱自清的《荷塘月色》，做过一道阅读思考题：这篇散文表达了作者什么样的情绪？标准答案是“淡淡的忧伤”。那么，怎样让读者从你的文章中读出淡淡的忧伤呢？还是有办法的。比如，你已经想好要写一篇文章，主题框架都构思好了。你可以选择一个有月亮的夜晚，洗完澡后坐在书房里，头发上有淡淡的洗发水的香味，再焚一炉香，放一首歌（这首歌的情绪是淡淡的忧伤的）；然后，你整个人沉浸在这种情绪中，回想生命中那些美好的事情，当你意识到它们终有一天将全部消失时，不免心生感伤。这个时候你开始写文章，一气呵成，便可能创作出精品。

以此为标准，我对自己写的绝大多数文章不满意，因为“闲情”太难具备了。“闲情”凝聚了我们一生中经历过的那些“无用”的东西，需要我们用一种极其虔诚的方式将其表达出来。有多少人做事有这种“闲情”？

以上是我对教育的理解，希望志同道合的家长能与学校一起，共同为孩子们打造教育的理想国。

（2017年4月）

教育与生活的三个立场

从2019年底开始的这一场新冠肺炎疫情，来势汹涌，令人猝不及防。我们终将取得疫情防控的胜利，然而这小小的病毒，却反映出了社会运转的诸多问题和人看待问题的不同立场。

一、人类看待万事万物的三类立场

美国哲学家丹尼尔·C. 丹尼特（Daniel C. Dennett）把人类看待万事万物的立场分为三类：意向立场、设计立场与物理立场。

第一，意向立场：我没有问题，问题在你。

网络上有很多关于社会问题的讨论，有的网民会持意向立场，他们习惯说你应当怎样，或者问你为什么做不到。

第二，设计立场：你没有问题，问题在我。

持这种立场的人有强烈的同理心，他们遇事时首先反思自己，而不是简单指责他人。面对社会，他们会问“我能做什么”，面对不幸，他们会说“万物皆有裂缝，那是光照进来的地方”。他们把自己的命运和民族、社会紧紧联系在一起。

第三，物理立场：你有你的计划，世界另有计划。

老子曰：“天地不仁，以万物为刍狗。”在宇宙的眼中，万物平等。持物理立场的人理性客观，他们会仔细思考宇宙的规律。“物有本末，事有终始，知所先后，则近道矣。”

二、数字“三”的含义

“三”这个数字值得说一下，它非常神奇。

《道德经》里有一段话：“道生一，一生二，二生三，三生万物。”我一直在琢磨，为什么不是“二生万物”，或者“一生二，二生四，四生万物”？

当代物理学家在研究物质构成的时候，总共发现了十二种基本物质粒子。它们分为三代；每一代有四种基本粒子，各为两种夸克与两种轻子。物理学家很纳闷：为什么它们只有三代，没有第四代了？我觉得他们应该学习一下《道德经》，因为“三生万物”。

“三”究竟是什么？我比较认同《淮南子》的解释。《淮南子》说，“二”是阴阳，“三”是阴阳合和。在阴与阳之间有广阔的世界。一个人说“我是对的”，另一个人说“我才是对的”，第三个人说“你俩都是对的”。这就是“灰度理论”。世界是黑的，也是白的，还是灰的。有了灰，世界才丰富而完整。

德国古典哲学的集大成者黑格尔（G. W. F. Hegel）的理论精髓也在于此，他的正反合理论认为，一切事物的发展过程都可以分为三个阶段：发展的起点，即“正题”；对立面的显现，即“反题”；“正反”二者的统一，即“合题”。“合题”是对“正题”与“反题”的综合，这好似三个分别叫正、反、合的人玩击鼓传花游戏，万事万物就如此发展变化。

德国哲学家马克斯·韦伯（Max Weber）说，当你做出判断的时刻，思考就结束了。因此，我们对一件事情做出判断尤其要谨慎。在家庭教育中，我们不妨有意识地思考一下我们下结论时所持的立场到底是什么。

前一段时间，各种辅导孩子做作业的视频在网上流传。所谓“辅导作业一时气，一直辅导一直气”。被谁气？当然是被孩子气。

一位上海的妈妈在辅导女儿做作业时被气得抓狂，外公却不慌不忙地拿出一封信。这封信写于23年前，当时这位妈妈还是一位学生，外公外婆在辅导她做作业时因为生气而写下了这封信。真是风水轮流转哪！如果一个人为人处世总是持意向立场，那么，那些对别人的指责就像回旋镖一样，迟早有一天会飞回来。

我认识一些年轻的家长，他们不是单纯用自己的尺度去衡量孩子，而是会持儿童立场，也就是站在儿童的角度去理解孩子。遇到问题时，他们常常会反思：我该怎么说、怎么做，才能更好地帮助孩子成长？

这就是用设计立场看待问题。家长也好，教师也好，不要总以为自己在帮助孩子解决问题，问题的根源究竟在哪儿尚未可知。

我认识一对夫妻，他们是大学同班同学，读的是数学专业，但他们的儿子数学成绩并不突出，却在文学与艺术方面很有天赋。对此，他们有些苦恼。我劝导他们：“其实，你们有可能是被数学耽误了的文学家或艺术家，孩子是在实现你们未被开发的天赋。”

如果完全不带感情色彩地看待这个案例所代表的现象，我用一句话就可以概括：天才的孩子通常都不是天才。人一生中本来就应该不断发现世界的真相，并且抱着一种敬畏的态度，尊重与接受世界的客观规律。

人生无非三件事：你的事、我的事、老天的事。人这一辈子，能把这三件事分清楚就不错了。

我们每个人都是一滴水，际遇各有不同。千千万万个水滴汇聚成了时代的洪流，洪流要往什么地方去，并不需要征求水滴的意见。物理立场就是宇宙立场，宇宙就在那里，无殇无悦、不喜不悲。站在宇宙的角度来看，很多事情就很好理解了。

三、换一种立场看世界

《未来简史：从智人到智神》的作者尤瓦尔·赫拉利（Yuval Harari）曾说，人类有三大敌人：战争、饥荒与瘟疫。在历史上，它们曾夺去成千上万人的性命。进入 21 世纪后，人类宣称战胜了这三大敌人。但是且慢，让我们听一听历史的声音。

尤瓦尔·赫拉利说，永远不要低估人类的愚蠢。黑格尔说，人类从历史中学到的唯一教训，就是没有从历史中学到任何教训！

我们既生活在媒介的世界里，也生活在自己的世界里。人类在发展过程中遇到过无数次灾难，又无数次涅槃重生。若我们能从历史中汲取经验，换一种立场看待当下的处境，心情自会不同。

最后，我以苏轼的一首词《定风波》来结束我的分享。我们不妨看一看，面对来自大自然的意外，苏轼所持的是什么立场。

定风波

［苏轼］

三月七日，沙湖道中遇雨。雨具先去，同行皆狼狈，余独不觉。已而遂晴，故作此词。

莫听穿林打叶声，何妨吟啸且徐行。
竹杖芒鞋轻胜马，谁怕？一蓑烟雨任平生。
料峭春风吹酒醒，微冷，山头斜照却相迎。
回首向来萧瑟处，归去，也无风雨也无晴。

（*2020* 年 *2* 月）

基因与环境，
哪一个对孩子成长的影响更大

2020 年 3 月的一天，上海的一位妈妈在辅导孩子做作业时与孩子发生冲突，这位妈妈冲动之下竟然选择跳河轻生。所幸这位妈妈因为穿的衣服较厚，没有很快沉下去，被迅速赶到的消防员救起。

许多年轻家长被孩子的教育问题困扰。在有些人家，父母根本不怎么管孩子，孩子却成长得很好，家长还被老师邀请去学校介绍教育孩子的经验；在有些人家，全职妈妈全身心投入到对孩子的教育中，家长与孩子却矛盾不断。

那么，是什么决定了孩子的成长？我这次分享的主题是“基因与环境，哪一个对孩子成长的影响更大”。

《园丁与木匠》这本书的书名能说明教育的问题。园丁与木匠是两种职业，代表了两种不同的养育风格。园丁是把一个花园打造成它本来应该有的样子，木匠则是把一堆木料打造成自己想要的物品的样子。

园丁型家长支持基因决定论，木匠型家长支持环境决定论。

一、环境决定论

环境决定论的历史可以追溯到十分久远的年代。

在认知领域，英国哲学家约翰 · 洛克（John Locke）提出了著名

的“白板说”。他说，人类的心灵如同通常所说的那样，是一张没有任何印迹的白纸，不存在任何思想。此外，约翰·洛克还在其经典的教育著作《教育漫话》中提到教育的目的是培养绅士。在书里，他提出了一系列如何培养绅士的方法。婴儿既然是一块白板，当然可以被培养成我们希望的模样。

“白板说”更古老的源头可能来自古希腊哲学家柏拉图。他在《泰阿泰德 智术之师》中写道：“假定人人心里有一块性质优劣不等的蜡版；这是司记忆之神——诸穆萨之母——所赐予的。感觉知觉，欲记之于心，则在此版上留迹，如打印一般。”①

心理学领域有几个影响比较大的流派，如行为主义、人本主义、精神分析等。如今的学校教育主要遵循的是哪一派的理论，大家可能想不到。我们讲的是人本主义，实际做的却是行为主义。

美国教育学家拉尔夫·泰勒（Ralph Tyler）于1949年出版的《课程与教学的基本原理》是现代课程理论的经典著作，凭借这本书，拉尔夫·泰勒被尊奉为“当代教育评价之父”“现代课程理论之父”。在书中，他提出了课程设计的四个经典问题：

第一，学校应力求达到何种教育目标？

第二，要为学生提供怎样的教育经验才能达到这些教育目标？

第三，如何有效地组织这些教育经验？

第四，我们如何才能确定这些教育目标正在得以实现？②

---

① 柏拉图.泰阿泰德 智术之师[M].严群，译.北京：商务印书馆，2021: 19.

② 泰勒.课程与教学的基本原理：英汉对照版[M].罗康，张阅，译.北京：中国轻工业出版社，2014: 1.

今天，教师进行教学前需要先备课，而备课要分析重点、难点，要有教学目标。教学进度日日清、周周清、月月清，教师赏罚分明，用各种手段让学生考高分。这些都是行为主义的手段。

行为主义的代表人物约翰·华生（John Watson）曾经放出一段豪言，与阿基米德（Archimedes）的“给我一个支点，我就能撬起整个地球”可以一较高下：

> 给我一打健康的婴儿，让我在特定世界中将他们抚养成人。我保证随机挑选一个，就能把他训练成我想让他变成的行家——医生、律师、艺术家、大商人，哦，是的，甚至乞丐和小偷，无论他的才智、爱好、性情、能力、素质以及他们的种族如何。[①]

平和的中层管理团队每学期都要集体学习几本书。我记得大约十年前，我们曾学习过《卡尔·威特的教育》，作者是19世纪德国的一位乡村牧师老卡尔·威特（Karl Witte）。那个年代比较推崇天赋决定论，也就是基因决定论，就如同中国人所说的“龙生龙，凤生凤，老鼠的儿子会打洞”。老卡尔·威特决定在儿子小卡尔·威特的身上做实验，为儿子制定了系统的早期训练方法。

小卡尔·威特果然如有神助，八九岁时即通晓德语、法语、意大利语等6种语言，9岁考入大学，14岁获得哲学博士学位。老卡尔·威特将自己教育儿子的过程和方法整理成《卡尔·威特的教育》一书。

行为主义的理论方法在我们的教育中无处不在。

---

① 哈里斯.教养的迷思：父母的教养方式能否决定孩子的人格发展？[M].张庆宗，译.上海：上海译文出版社，2015: 8.

有些家长为了鼓励孩子做家务，会用孩子渴望得到的东西作为奖赏与刺激，这种方法很有效。我刚刚参加工作时，有一个孩子开学后突然异常努力，他的成绩本来是班级倒数几名，结果期中考试时他考进班级前十名。原来他想让妈妈买一个玩具，妈妈承诺，若他考进班级前十名就给他买。这孩子对玩具的渴求异常强烈，奋发图强，竟然真的做到了。

但是，妈妈后悔她提出的要求不够高，竟然让孩子轻易实现，于是耍赖，提出了一个更高的目标。孩子很生气，表示再也不会相信妈妈了，成绩一落千丈，名次比之前还要靠后。

这些年，“虎妈”“虎爸”层出不穷，他们所用的手段就是行为主义理论推崇的奖赏与惩罚。“言必行，行必果”“重赏之下，必有勇夫”“胡萝卜加大棒”，是行为主义者的信条。

一个熊孩子从28层高楼扔了15个啤酒瓶，所幸未造成人员伤亡。家长在业主群里道歉，并且晒出了打孩子的照片。其他业主的意见出奇地一致，没有人说打孩子不对，都说打得好，这次不打，以后还不知道这个孩子会做出什么出格的事儿。

中国人民公安大学教授李玫瑾就支持家长打孩子。家长不但要打，还要打得让孩子记住，让孩子知道怕。她在一档聊天节目《圆桌派》里说，人在成长过程中，除了要有爱，还要有敬畏。她认为，如果孩子违法了，惩罚他实际上是对他的一种保护，让他知道怕，知道后悔，以后再也不敢犯，这才是真正保护他。李玫瑾教授是环境决定论的坚定支持者，在网络上，她有不少支持者。

大家可以回想一下自己读过的各种家教类图书，如果冠之以“方法”“手册”“训练”等，多半是环境决定论。例如，前段时间我就读过这样一本书《儿童时间管理训练手册：30天让孩子的学习更高效》。这类图书的特点是简单明了、通俗易懂，虽然也讲理论，但更注重实践，可操作性很强。

二、基因决定论

与环境决定论相对的就是基因决定论，或者说遗传决定论。基因决定论认为先天的基因对一个人的成长影响更大，基因决定了一个人可能达到的上限与下限，环境则只能决定一个人最终接近他的上限还是下限。

有一对双胞胎，一个孩子被养育成天主教徒，一个孩子则从小接受犹太教教育。当他们在实验室相遇时，居然有一系列相同的爱好。比如，他们都穿着有肩章的海军蓝衬衫；都喜欢把奶油面包浸泡在咖啡里；手腕上都戴着橡皮筋；都要在使用抽水马桶前后各冲一次水；甚至都喜欢在拥挤的电梯里打喷嚏惊吓其他人……

这是史蒂芬·平克（Steven Pinker）特别喜欢的一个例子。史蒂芬·平克是当代最负盛名的认知心理学家与科普作家之一，他写过一本书《白板》，完全否定了环境决定论所信奉的“白板说”。他认为，在很大程度上，人类的特性是由基因而不是环境决定的。

爱德华·威尔逊（Edward Wilson）是哈佛大学生物学博士、美国国家科学院院士。他 1975 年出版的代表作《社会生物学》，直接开创了一门新的学科“社会生物学”。爱德华·威尔逊是一名生物学家，却尝试将生物学理论引入社会科学。举个例子：生物体有细胞、组织与器官，如果把社会看作一个生物体的话，细胞就是家庭，组织就是阶级与种族，而器官就是城市与社区。

社会生物学的理论基础是两条基本原理：第一，生物体的进化不仅是生物体结构的进化，也包括行为方面的进化；第二，在生物进化的长河中，每个生物个体都是昙花一现，只有基因长存。

别看自然界参差百态，生物体忙忙碌碌，背后的操控者实际上是基因。也许有一天，基因认为有更好的生物体可以替代人类，就会无情地将我们抛弃。英国学者理查德·道金斯（Richard Dawkins）有一本非常著名的著作《自私的基因》，书里面的观点与爱德华·威尔逊的观点不谋而合。

爱德华·威尔逊提出这个理论的时候，社会主流思想是“白板说”。人们普遍认为，人主要受文化环境的影响，遗传的影响几乎可以忽略不计。20 世纪 70 年代，美国社会厌战情绪强烈，民权运动如火如荼。“王侯将相，宁有种乎？”居然有人敢冒天下之大不韪，提出基因决定人性的学说！于是，爱德华·威尔逊被扣上种族主义的帽子，在一次学术会议中，他被反种族主义者当场泼了一盆冷水。

有人反驳：难道人的行为都是基因决定的吗？环境就没有起作用吗？极端的基因决定论者会告诉你，环境也是基因决定的。

首先，对你影响最大的环境是原生家庭，原生家庭是不是你的基因来源？

其次，环境是你主动选择的结果，而你的选择来自基因。例如，你若性格内向，便会选择孤独的环境；你若喜欢交朋友，但是与有些人话不投机，与有些人一见如故，那么，你选择哪些人做你的朋友也是基因决定的结果。

最后，你会影响环境。我们常说“你若盛开，清风自来”。若你觉得一个人是坏人，对他处处提防，那人自然对你也很警惕；若你对一个人报以微笑，那人也会回报你以友好。你所感受到的世界是你内心投射的结果。因此，环境本质上由基因决定。怎么样？听上去很有道理是不是？

但是基因决定论也有一堆麻烦事要处理，例如社会达尔文主义。

“优胜劣汰，适者生存”，英国生物学家查尔斯·达尔文（Charles Darwin）的这一生物进化学说被引入社会学领域后，产生了社会达尔文主义。社会达尔文主义一度很流行，然而在第二次世界大战之后，这个理论被钉上了历史的耻辱柱。因为德国纳粹信奉的正是社会达尔文主义，他们认为人种有优劣之分，并以此理论来为其种族清洗的行为辩护。

此外，德国纳粹还利用了一个概念，那就是“优生学”。“优生学”由查尔斯·达尔文的表弟英国学者弗朗西斯·高尔顿（Francis Galton）提出。当代有一位鼎鼎有名的企业家特别提倡“优生学”，那就是微软创始人比尔·盖茨（Bill Gates）。过去几十年里，比尔·盖茨不遗余力地在全世界推广“优生学”。

各位，如果你现在有一个机会，可以选择使用基因技术生一个相对更完美的宝宝，你愿不愿意？美国哈佛大学教授迈克尔·桑德尔（Michael Sandel）的回答是“不”。他专门写了一本书《反对完美：科技与人性的正义之战》，来揭示基因技术给人类带来的伦理困境。他认为，人如果失去对自然的敬畏，试图把自己升级成为“全知全能”的神，极有可能导致难以预料的巨大灾难。迈克尔·桑德尔是当今最负盛名的哲学教授，他的著作《金钱不能买什么：金钱与公正的正面交锋》《公正：何谓正当之为？》等影响巨大，从学术界“出圈”。他的课程“公正”被制作成网络公开课后，成为全球最受欢迎的哲学课程之一，上线一年在线观看人次超过一千万。以他对待基因技术的态度来看，他应当不是一位环境决定论者。

曾经，有位朋友跟我谈到社会贫富悬殊的现象。她问我是否知道原因。我摇摇头，表示不知道。她果断地说：“因为懒哪！你看有些年轻人宁愿啃老也不肯工作，或者挣一点儿钱就吃光用光。”我说，她讲的现象的确存在，但更多的贫穷是源于机会不平等。如果我们给山里的孩子同样的机会，让他们在大城市成长，从小接受良好的教育，长大后他们也会有出息。

听完我的话，我那位朋友皱了皱眉。她应该是一位基因决定论者，相信人天生就有分别。

偏向于基因决定论的家教类图书也有很多。例如，我就读过一本书《孩子：挑战》，作者在书中提出，父母和孩子的所有冲突都是权力之争。因此，父母要从内心尊重孩子的权利，与孩子相处时要想一想，如果面对的是朋友、同事、客户，甚至领导，自己该怎么做。

三、环境与基因共同产生作用

有人认为人的成长是环境与基因相互作用的结果，并且两者相互作用的过程相当复杂。

我经常有机会发表一些演讲，但是我对自己的演讲水平不是很满意。我身边有演讲很厉害的人，我觉得他们有演讲的天赋。有一天，我无意中读到一本讲领导力的书《感召力》，作者是演讲撰稿人西蒙·兰卡斯特（Simon Lancaster）。这本书提出了一个很重要的观点，让我对演讲技巧有了新的认知。这本书说，一个人要想讲话有感召力，必须要同时赢得听众的本能脑、情感脑与逻辑脑。

如果我演讲时穿正装、打领带，看起来很有权威的样子，听众第一眼看见我的时候，本能脑就被我征服了；如果我在演讲中用了很多故事，其中不少故事很有画面感，能引发听众的共鸣，听众的情感脑就会被我感染；如果我的整个演讲逻辑性很强，有理有据，听起来很有道理，听众频频点头，这时，听众的逻辑脑也被我说动了。

以前，我不明白为什么有些网络剧情节离奇、逻辑漏洞百出，还有那么多人观看，直到我看了一部网络剧《赘婿》，才明白个中原因。这类网络剧针对的不是逻辑脑，而是情感脑，甚至是本能脑。因此，它们被称为“爽剧”，即观众不需要动脑筋，看着就爽的剧。

高明的营销人员会娴熟地运用“3F 法则”。“3F”即“Feel，Felt，Found”。举个例子，第一次来到上海青浦平和双语学校的家长心里可能会犯嘀咕：这所学校怎么这么远？如果我是招生老师，会怎么消除家长的疑惑呢？我会运用“3F 法则”。

第一步，我会说：“真的是远呢，不堵车的时候，开车也得一个小时，的确不是很方便。”这就是 Feel——感受，先认同对方的感受，让别人感觉安全、信任，针对的是本能脑。

第二步，我会说：“我第一次来的时候，也花了好长时间，不过等这所学校建起来以后，校园会非常漂亮，我感觉还是值得的。”这就是 Felt——感觉，讲我自己的感觉，引导对方的情绪，和别人产生共情，针对的是情感脑。

第三步，我会说：“如果孩子来这里读书，家长可以考虑来学校附近买房子；孩子虽然是住读，但周末可以回家。平和自 1996 年创办至今，所有学生都住读，孩子们非常自主独立，同学亲密无间；周末，孩子能与家长团聚，亲子关系也特别好。”这就是 Found——发觉，让别人发觉之前没有意识到的价值，针对的是逻辑脑。

如果一个人的本能脑、情感脑、逻辑脑得出了一致的结论，那他就会愉快地做决定！

西蒙·兰卡斯特的感召力理论来源于神经科学家的研究成果，而完整的“三重脑”理论由美国著名脑神经科学家保罗·麦克莱恩（Paul MacLean）于 1990 年正式提出，他认为人脑大致可分为三层。

第一层为“爬虫脑”[1]，也被称为“自动控制层”，发育了有两亿年，负责心跳、呼吸等本能反应，不受意识控制，体现了人的动物性。

第二层为“哺乳脑”[2]，包括被称为“边缘系统”的一部分大脑，是在人类应对进化压力的过程中进化而来的，主要负责情绪。哺乳动物都有“哺乳脑”。

第三层为“灵长类脑”[3]，又被称为“新皮层”，发育150万年至200万年，是人类所独有的。“灵长类脑”负责语言、认知、感觉、运动等。

我对第一层有一个认知。大概是我上小学的时候，有一年大年三十晚上，我负责点烟花，点着后很久没动静。我走过去看，烟花突然喷出来，我躲闪不及，大叫一声，跌倒在地。父母吓坏了，连忙把我送到医院，我右边的脸是黑的，眉毛都被烧光了。在急诊室里，医生伸出食指，让我尽力睁开右眼辨认是几根手指，我说一根；他又伸出两根手指，我说两根。医生点点头说，万幸，只是外伤。烟花喷发的一瞬间，我的爬虫脑发挥了作用，让我以迅雷不及掩耳之势闭上了眼。要不然，现在的我就只能一只眼看世界了。

第二层里有两样东西值得说一说，第一个东西叫杏仁核，负责产生恐惧、焦虑、攻击性以及愤怒等情绪。第二个东西叫多巴胺，是一种神经递质，负责大脑的情欲和兴奋的传递。一见钟情时，人脑会分泌出多巴胺；度过热恋期之后，多巴胺的水平会下降，两人的感情就进入平缓期。青少年学生玩游戏上瘾，是因为游戏会让人的大脑产生多巴胺，那种快乐的感觉诱惑着学生继续玩儿。在竞技场上，你通过

①②③ 巴斯，盖奇. 认知、大脑和意识：认知神经科学引论 [M]. 王兆新，等译. 上海：上海人民出版社，2015: 433, 434, 434.

艰辛的努力，战胜了强大的对手，最终站上领奖台，这种自我实现的愉悦感也是由多巴胺带来的。

第三层里有一个重要的部分叫额叶皮质。额叶皮质的前端叫前额叶皮质，你只要记住，这个地方是人脑的决策中心，理性的决策指令都是从这里发出的。额叶皮质特别消耗能量，因此人做了很多选择后就会觉得累，就不想再思考。

大脑的结构对应的正是本能、感性、理性。

大部分人天生怕蛇，但有些人不但不怕蛇，还玩蛇，因为他们经过实践，发现蛇并不可怕，完全可控，于是额叶皮质“驯化”了杏仁核，理智战胜了情绪。

大脑的第一层与第二层完全由基因控制，第三层则由环境控制。我们可以把大脑看作一个多元政体，大脑做出的决定有的时候来自第一层，有的时候来自第二层，有的时候来自第三层，于是一个人的表现可能会很复杂、很矛盾：既贪婪，又无私；既勇敢，又软弱；既无情，又柔情。

如果你能让一个人的三层大脑做出同样的决定，就像运用“3F法则”那样，你就超级有感召力，必定会成为超级领导者。

作为教育者，我们关注的是后天教育对大脑的第三层的影响。刚出生的婴儿根本就不成熟，理论上都是早产儿。出生时我们的脑容量只有成年时的25%。有人解释说，人类的脑袋太大，完全长好了就生不出来了。科学家说，人类到了三四岁才可能有自我意识和记忆。

那么，人类在漫长的童年期与青春期究竟在干什么呢？答案就是发育大脑的第三层——额叶皮质。

人类需要学习的东西实在是太多了。一个人上3年幼儿园、6年小学、6年中学、4年本科、3年硕士，就要用时22年。如果再读博士，毕业时就快30岁了。而工作之后，我们所需要的大部分知识都要重新学习。

各位家长要记住，童年与青春期，正是孩子的额叶皮质发育的阶段。孩子为什么有好奇心，为什么喜欢尝试新鲜事物，为什么容易冲动走极端，归根结底，都与额叶皮质的发育有关。

如果我们从小就要求孩子听话，要求他们循规蹈矩，不越雷池一步，不允许孩子犯错误，实际上就等同于剥夺了他们成长的可能。

有的家长最讨厌孩子“玩”，认为是浪费时间，然而《园丁与木匠》一书指出，孩子的“玩”是最重要的学习方式之一。孩子的“玩”主要有三种方式：打闹、玩玩具、假装。

“打闹是一种社交演练”[①]；“玩玩具就是在做科学实验”[②]；而“假装是人类独有的玩耍方式”[③]，用尤瓦尔·赫拉利的话来说，它是一种虚构的能力。这可是一种高级能力。我们幼时的玩耍经验“有助于保持大脑的可塑性”[④]。

孩子进入青春期后，额叶皮质慢慢开始尝试接管大脑的其他部分，控制情绪、控制动机。我们教育孩子最理想的结果是：孩子要求越来越多的自由空间的同时，其理性程度也在不断提升，最终能很好地协调感性与理性，成长为真正让人信赖的成年人。

四、全新的观点

21 世纪产生了一些新的观点，我想着重介绍美国心理学家朱迪斯·哈里斯（Judith Harris）的观点。她在哈佛大学拿到心理学硕士学位后，想要继续攻读博士学位，但是没成功。她跟她的研究生同学

---

①②③④ 高普尼克. 园丁与木匠 [M]. 刘家杰，赵昱鲲，译. 杭州：浙江人民出版社，2019: 157, 164, 167, 159.

结了婚，生了两个女儿，并抚养她们长大。后来，她重回职场，工作是写心理学教科书。她的著作《教养的迷思：父母的教养方式能否决定孩子的人格发展？》，在心理学界引起巨大反响。史蒂芬·平克盛赞这本书："我预测该书将是心理学史上的一个转折点。"在序言中，朱迪斯·哈里斯有一段话特别有意思：

> 1997年，我发表在《心理学评论》上的那篇论文被美国心理学会评为"心理学优秀论文"，这个奖项以著名心理学家、美国心理学会前主席乔治·米勒（Georg A. Miller）命名。三十七年前，我收到哈佛大学心理学系的一封信，信上说他们决定不授予我博士学位，因为他们认为我不够资格。那封信的签名就是心理学系当时的执行主席乔治·米勒。[①]

我读了之后，心想：这位心理学家的心理阴影面积太大了，都过去三十七年了，仍然余恨未消。

《教养的迷思：父母的教养方式能否决定孩子的人格发展？》中有一个石破天惊的核心观点：在孩子成长的过程中，父母的影响并没有我们想象中那么大，产生更大影响的是孩子在家庭之外的同辈群体。换句话说，对于孩子的成长，基因起作用，教养也起作用，但这个教养主要来自同辈，而不是父母。朱迪斯·哈里斯认为，儿童不是被父母社会化的，而是被同辈社会化的。

朱迪斯·哈里斯的观点可谓一石激起千层浪，因为它有悖于当代主流发展心理学家信奉的"教养假设"。希拉里·克林顿（Hillary

① 哈里斯. 教养的迷思：父母的教养方式能否决定孩子的人格发展？[M]. 张庆宗，译. 上海：上海译文出版社，2015: 16.

Clinton）的《举全村之力》一书，就是持“教养假设”观点的代表作。希拉里·克林顿在书中的观点是：如果父母对孩子充满爱心和关注，他们的孩子就会有安全感，并对家长产生亲近感，就会成长为自信、友善的孩子；如果父母与孩子交谈、倾听孩子的心声、为孩子读书，他们的孩子就会变得聪明活泼，在学校表现好；如果父母对孩子严格要求，他们的孩子就可能很少闯祸；如果父母对孩子过于严厉、苛刻，他们的孩子就会变得具有攻击性或焦虑，或二者兼而有之；如果父母对孩子诚实、友善和体贴，他们的孩子同样也会诚实、友善和体贴；如果父母没有为孩子提供一个完整的家，他们的孩子在成年之后，多半也过得不好。

而朱迪斯·哈里斯说，孩子受同辈的影响更大，且在受同辈影响时主要遵循三个原则：多数裁定原则、啄食次序原则、组间对照效应。

多数裁定原则，指的是当某人的行为与群体中大多数成员的行为不一致时，这个人必须改变自己的行为。不改变的结果是什么？被孤立、被抛弃，总之很惨。

啄食次序原则，指的是群体中各成员有地位的差异。一群鸡在啄食时，谁先谁后是有讲究的，就跟现在很多会议一样，席卡不能放错。

组间对照效应，指的是孩童会分为不同的小群体，每一个小群体会强化自己的归属感，而夸大群体间的差异，因此造成组间对照效应越来越明显。某种程度上就是“近朱者赤，近墨者黑”。你跟学霸在一起，不是学霸也更容易成为学霸。

《园丁与木匠》一书中提出，家长对孩子的影响主要体现在三个方面：遗传基因、家庭环境、具体操作。前两个都好理解，具体操作就是指各种教养方式。《园丁与木匠》一书的结论是：具体操作基本属于瞎折腾，对孩子成长的影响不大。这个观点与朱迪斯·哈里斯不谋而合。

我讲了这么多，不知大家原有的观点有没有发生改变。我们再来看一个很有意思的话题：智商与性别，哪一个受基因影响更大，哪一个受环境影响更大？

1983 年新西兰学者詹姆斯·弗林（James Flynn）声称，他发现了一个重要的趋势：在过去半个世纪中所有发达国家年轻人的 IQ 指数（智商测试分数）都出现了持续增长。这一发现受到广泛的关注，被称为“弗林效应”。

“弗林效应”为什么发生？詹姆斯·弗林自己也解释不清楚。唯一可以得出的结论是，一个人的智商不仅仅由遗传决定，也受环境的影响。

美国认知心理学家斯科特·考夫曼（Scott Kaufman）写了一本书《绝非天赋：智商、刻意练习与创造力的真相》。他认为智商不是固定不变的，而是多元动态的，会随着人的发展不断变化。

斯科特·考夫曼研究智商的动机来自自身的经历。上小学时，他的 IQ 极低，不但因此留级，还被分进了特殊教育班级。然而到了高中，他成为一名学霸，门门功课都考高分，后来考上美国耶鲁大学，最终获得博士学位。

斯科特·考夫曼在《绝非天赋：智商、刻意练习与创造力的真相》一书里举了一个真实的例子来解释“弗林效应”。

智商测试官：总是有雪的地方，所有的熊都是白的；新地岛总是有雪；新地岛的熊是什么颜色的？

苏联农民：我只见过黑熊，没见过的我就不知道了。

智商测试官：但是，从我说的话里可以推测出什么？

苏联农民：要是一个没去过那地方的人说的，听了这些话我也还是什么都不知道。如果有个阅历丰富的老人见过白熊而且把这事告诉了我，我才相信他的话。[①]

在"弗林效应"为人所熟知后，英国人又发现了一个"逆弗林效应"：英国人的平均智商下降了。后来，北欧的丹麦与挪威也发现了这一趋势。科学家们对此极度困惑。对"逆弗林效应"的一个解释是现在发达国家的基础教育越来越不重视对人的基本技能的培养，例如计算、背诵等，导致人们做智商测试题可能有点儿吃亏。

让我们暂时先将智商的问题放一放，来看看性别。

大家应该都听说过一本书《男人来自火星，女人来自金星》。作者认为，男人和女人的思维模式、行为模式天然不同，就像来自不同的星球。

此外，一位美国作家写过一本书《脑内乾坤：大脑也有性别》。作者揭示了男女两性大脑结构的不同，认为两性行为的差异是因为受到基因与性激素的影响。总而言之，性别的差异是先天的。这个结论应该没什么争议。

然而，澳大利亚认知神经科学家科迪莉亚·法恩（Cordelia Fine）写的书《荷尔蒙战争》却针锋相对，认为男女差异是由成长环境决定的。很多人习惯性地认为，小男孩儿应该玩卡车，小女孩儿应该玩洋娃娃。作者说，这都是刻板印象，都是家长从小灌输给孩子的理念。作者认为每个人都是"雌雄同体"，而性别偏见压抑了男性与女性的潜力。随着时代的发展及社会文化的改变，大家对性别的理解

---

① 考夫曼. 绝非天赋：智商、刻意练习与创造力的真相 [M]. 林文韵，杨田田，译. 杭州：浙江人民出版社，2017: 239.

也会有微妙的变化。以上只是以智商与性别为例，来说明真实情况的复杂性，其实，基因决定论与环境决定论难分伯仲。

五、家长如何做教育

讲了这么多，估计有人会问："万校长，你的观点是什么？"告诉大家，我有一个法宝，叫作"多元思维模型"。

"多元思维模型"是著名投资人查理·芒格（Charlie Munger）在《穷查理宝典：查理·芒格智慧箴言录》中提出来的，这个模型是他投资智慧的核心。人生很复杂，一个模型往往只能解决一些问题，所以一个人要在头脑中构建多个模型，在遇到问题时对这些模型进行恰当的组合、灵活的运用，这样就会比其他人更有智慧。

家庭教育同样如此。在运用"多元思维模型"方面，我给大家提四条建议。

第一条建议：重视早期教育。

虽然《教养的迷思：父母的教养方式能否决定孩子的人格发展？》一书对"教养假设"提出质疑，但是依然有相当多的研究表明，父母的教育尤其是早期教育不可忽视。

1964 年，美国心理学家西尔维娅·布洛迪（Sylvia Brody）进行了一项规模巨大的实验，她招募了一百多位即将生育的母亲，对其进行长达 30 年的观察与研究。最终，有 76 个样本得以保持完整的记录。这项实验得出了一个惊人的结论：大多数被观察者，在生命最初的 12 个月中已经形成其一生的核心意识，母亲在孩子 0 至 1 岁时的养育会持续地影响孩子的心理成长，甚至决定孩子会成为什么样的人。

此后，美国加州大学医学院的两位教师在这项实验的基础上继续深入研究，并合作写了一本书《情感依附：为何家会影响我的一生》。在书中，作者归纳了 9 个成功父母的特质：

①父母的信心；
②父母的乐观；
③父母的镇静；
④母亲的爱；
⑤父母的共情；
⑥父母对子女的积极性感到骄傲；
⑦父母对子女的独立性感到愉悦；
⑧父母过着自律的生活；
⑨快乐母亲的感染力。[①]

中国人常说："三岁看大，七岁看老。"读完这本书，我们得将这句话改为"一岁看大，三岁看老"。

第二条建议：重视家庭之外的环境。

为孩子选择好的成长环境相当关键。中国古人十分认同孩子的成长环境至关重要，"孟母三迁"就是一个很典型的例子。

我听过一个故事。早年，一对上海夫妇移民美国。但是，他们发现两个孩子在成长的过程中，很快融入美国文化，英语说得非常地道，却不愿意学中文。在家里，父母跟孩子说中文，孩子则以英文来回答，而且他们的中文读写能力很差。父母意识到问题的严重性，于是下决心在老二小升初的时候带他回到上海，并选择读国内的课程。

① 马西，塞恩伯格. 情感依附：为何家会影响我的一生 [M]. 武怡堃，陈昉，韩丹，译. 北京：世界图书出版公司，2013: 26－31.

三年之后，老二的中文和数学有了很大的长进，基本能达到国内学生的平均水准，并且英文水平并没有下降。老二在八年级结束时，重新申请美国的高中，拿到了美国几所顶尖高中的录取通知书。

根据朱迪斯·哈里斯的结论，一个孩子的人格特质，50% 来源于基因，还有 40%—50% 来源于同伴。因此，家长为孩子选择好社区、好学校，其根本目的是给孩子选择好的同伴、好的成长环境。

第三条建议：重视童年与青春期。

在孩子的童年与青春期，我们要给孩子尽可能多的体验与挑战，以保留其未来发展的多种可能性。

童年与青春期是大脑额叶皮质最重要的发育阶段。基因是先天的，无法更改；环境是后天的，环境通过影响人的大脑额叶皮质来改变人。20 岁出头的时候，大脑额叶皮质基本发育成熟，人就彻底定型了。

家长常常觉得孩子不好管，尤其是男孩子，调皮捣蛋不懂事。然而《园丁与木匠》一书却认为，童年真正的价值就在于混乱。混乱是一种演化策略，有利于孩子发展各种个性，帮助其将来适应各种环境。有的孩子性格比较稳重，能专注做一件事，适合稳定的环境。可是如果环境复杂多变，孩子最好就要有爱冒险的精神，能机警地意识到周围的变化。

中国古人有一句话："小时了了，大未必佳。"这句话的意思是，一个人小的时候很聪明，长大了未必很有才华；反之，小的时候敢闯敢干，尝试了很多不同的事情，长大了反而可能更有成就。

很多人都看过野外生存真人秀节目。平和有几位志同道合的家长，他们在寒暑假带着孩子进行野外生存训练。比如，在没有食物的情况下穿过原始森林，饿了就只能就地取材；穿过湍急的小溪，水深的地方漫到接近脖子处。当然，他们请了野外生存培训机构保证安全，所有路线都是预先设计好的，安全是有保障的。这些家长相信，野外生存的经历会永远记录在孩子们的大脑里，成为他们成长的养分。

第四条建议：培养孩子独立自主的品格。

我曾面试过一位年轻教师，她在北方出生，在南方读本科，又去国外留学。我让她用一个词来形容自己，她说“独立自主”。原来，她小的时候父母工作忙，上初中时她就在学校住宿，高中也住宿，大学更是远离家庭，所以她从小就学会了独立，学会了自主。当时，面试老师一致给她打了高分。

我曾写过一篇文章《教育的结果是分离》。各位家长，即便孩子还小，你也要想到，有一天你们老了，孩子就是家里的顶梁柱，是你们的依靠。孩子越早独立，越早自主，越早自律，越早值得信赖，我们的家庭教育越成功。

六、结语

小的时候，我命运多舛、体弱多病，是医院的常客，甚至有一次掉河里差点儿淹死。那时候，我感觉大自然是如此宏大与无情，自身是如此无助与弱小。

后来，我身体变好，进入幻想的年龄，想象自己是英雄人物，神通广大，认为自己能想到，就能做到。在那个阶段，我充满了人定胜天的豪情。

成年后我在经历无数挫折与磨难后，意识到自己不过是一个普通人，能力有限；明白顺应天道、天人合一才是正途。

基因与环境到底哪个作用更大？在人类社会的不同发展阶段，我们的结论会不同。事实上，基因与环境就在那里，不喜不悲，看人类怎么选择。如果主流思潮是敬畏自然，我们就更认同基因决定论；如果主流思潮是改造自然，我们就更认同环境决定论。两种思潮此起彼伏，交相辉映。人类社会的发展就是这样，呈螺旋式上升，周而复始，一往无前。

（*2021* 年 *4* 月）

家庭教育是家长的自我修行

谈到教育，可能有人首先想到的是学校教育，其实家庭教育才是根源。家庭教育比学校教育更重要，对家长来说，好的教育理念比什么都重要。

我将从三个方面探讨。

一、什么是最好的教育

从对教育的理解来看，不同的教育理念是有高下之分的。什么是最好的教育？大家的观点各不相同。

观点 1：最好的教育就是无所作为的教育

曾经，我看到一段话："最好的教育就是无所作为的教育。学生看不到教育的发生，但教育却实实在在地影响着他们的心灵，帮助他们发挥了潜能，这才是天底下最好的教育。"

观点 2：最好的教育就是不教育

心理学者李雪说："对孩子最好的教育，就是不教育。如果你把自己所有的知识教给孩子，孩子成长得再好也不会超过你；如果你谦卑地不教育，孩子可以发展出远超出你想象的可能性，培养天才就是这么简单。”

观点3：最好的教育是执着地栽培自己

我读过一篇文章《孩子的教育，拼的是父母的人生功底》。作者认为30岁至40岁的妈妈最焦虑，这个年龄的人，特别容易往两个方向走，要么越来越丰富，越来越有魅力；要么视野越来越窄，与外在世界非常疏离。作者说，一位犀利的女作家甚至用“四十岁死，八十岁埋”来描述这种状态，读来让人倍感凄凉……所以，对孩子最好的教育，是执着地栽培自己。

观点4：最好的教育是经常和孩子一起吃晚饭

有人研究哪些因素可以促使孩子在学习能力测验中得高分，结果发现，智商、社会条件、经济地位等因素都不及一个因素重要，那就是，得高分的孩子都经常与父母一起吃晚饭。

一起吃晚饭时，父母可以问孩子四个问题：①学校里有什么好事发生？这个问题可以帮助你了解孩子的价值观。②今天你有什么好的表现？这个问题可以帮助孩子树立自信心。③今天你有什么收获？这个问题可以帮助孩子进行点滴的积累。④有什么地方需要爸爸妈妈帮助吗？这个问题可以帮助孩子获得归属感，帮助其学会求助，学会整合各种资源，而非单打独斗。

观点5：最好的教育是把孩子放到生活中

有人认为，生活是最好的大学，最好的教育是把孩子放到生活中。

我们现在的教育有一个弊端，学校被人为地跟社会和生活分割开来。曾经网上有一篇流传很广的文章，这篇文章主要分析为什么有些差生能做老板。结论是差生在读书期间培养了几种特质：抗挫折能力强、能吃苦、讲义气、脸皮厚。这几种特质都是我们在真实的生活中所需要的。有些优秀的学生因为成绩好，“一俊遮百丑”，反而脱离了复杂的真实的生活环境。

已经有一些教育界的有识之士认识到这个问题，并着力改变。比如，美国的密涅瓦大学是一所没有围墙的学校，学生们直接进入社区，在生活的场景中学习。未来的学校一定会和社区、生活融为一体。

观点6：适合的教育才是最好的教育

有人认为，没有最好的教育，适合的教育才是最好的教育。两千多年前孔子说“因材施教”，讲的就是这个道理。

观点7：爱是最好的教育

教育界有一个主流观点：爱是最好的教育。

大爱无声。爱包容一切。

在我看来，这些观点各有其道理。那么，什么是最坏的教育呢？

二、教育的上、中、下三策

有一天，我和两位朋友聊天，谈到了家庭教育。

其中一位朋友的女儿即将升入初中。他发现，女儿虽然聪明，却有一个不好的习惯——做作业拖拉，总是拖到睡觉前才勉强做完。他起初不明白女儿为什么要这样做，直到有一天女儿不小心把真相说了出来：“如果我提前把作业做完，妈妈肯定会给我再布置其他作业。”我说：“你太太的家庭教育方式是教育的下策，也就是控制。”

另外一位朋友说："那看看我这个教育方式如何？"他的儿子上幼儿园。他做了个表格，每天根据孩子的表现在表格上画星星。孩子若表现好可以得到星星，若表现不好要被扣掉星星，攒够一定数量的星星就可以得到奖励——一定数量的钱。他实行一段时间后，孩子的表现确实变好了很多。我开玩笑说："你把自己在单位的绩效考核方法带回家了。这个方法比刚才的那个方法好一点儿，属于中策，也就是激励。"为什么说这是中策呢？因为这个方法虽然有效果，但同时有两个副作用。第一，这种训练只是外部刺激，并没有内化为孩子的动力和习惯，一旦外部动力（奖励的星星、钱）没有了，孩子的表现就难说了。第二个副作用我还没来得及开口，那位朋友自己抢先说了："如果这种做法对孩子有效，就说明孩子对钱很重视，长大后他也许会变成一个'小财迷'。如果孩子对钱不重视，这个方法便没有效果。"

两位朋友都问我，如果他们用的是下策和中策，那么教育的上策是什么呢？

我给他们讲了一个故事。

曾经有一个女生来报考平和高中部，但是没有被录取。这个女生就给我写了一封信，表达了自己对平和的了解和热爱。她说爸爸妈妈已经给她安排了别的学校，但她考虑后觉得平和更适合自己。我从她的信中看出，这是一个非常独立的孩子，有自己的目标，也很有勇气。后来我们又给了她一次机会，并录取了她。她进校之后，我发现这个孩子虽然不是学霸，但很独立，有见解，很符合平和的气质。后来，我有机会与这个孩子的家长交流，了解到他们的家庭教育方式。孩子的父亲说，他们给她充分的自由，只设定了几条底线。这几条底线是：第一，对老人要无条件尊重；第二，每个月给她一定额度的可自由支配的零花钱，如果超支了，除非有特殊情况，否则要自己想办法解决；第三，家长不限制她的社交，但每天晚上10点之前必须回家。这个家庭清楚地设定了基本的规则，在规则之内给孩子充分的信任和自由。信任是教育的上策。这种信任不带功利色彩，是无条件的，需要家长有充分的耐心。我信任你，不是因为我相信你将来会出人头地，而是因为你是我的孩子。信任对孩子是一个很大的约束。一般人都会有这种感觉，如果对方给了自己很大的信任，自己一定不愿意辜负对方的信任，从而自己约束自己。自己约束自己，比任何来自外界的约束都更有力。

回到之前所说的最坏的教育，最坏的教育就是控制。控制就像温水煮青蛙，从一开始孩子可接受的状态逐渐加码，到最后无所不用其极。比如，有的家长竟然在孩子的房间里装摄像头，以便能时刻监控孩子，这种做法明显是不恰当的。

上、中、下三策不仅仅是选择问题，还是家长执行力的问题。很多家长不是不知道控制不好，但就是没有能力给予孩子信任。

对此，我从心理学的角度出发，得出了一些新的感悟和建议。可能这些建议并不完全成熟，但是我还是想说出来和大家分享一下。

三、家庭教育是家长的自我修行

在谈我的建议之前，我想先介绍一下影响教育的不同心理学流派。心理学流派有很多，不同心理学流派建构的模型不同，对人的假设不同，给出的教育建议也不同。

我简单谈谈三个流派：行为主义、人本主义和精神分析。

行为主义的代表人物是两位美国心理学家约翰·华生和伯勒斯·斯金纳（Burrhus Skinner），这个学派主张对人的行为进行研究，认为人类的所有行为都是人受到环境的刺激而产生的反应。运用行为主义的理论来进行管理的典型方法是“胡萝卜加大棒”。例如，有的学校采用量化评比法，给学生的行为规范打分，表现好的学生会被奖励小红花。行为主义理论是目前教育界的主流理论。

人本主义心理学是美国心理学家亚伯拉罕·马斯洛（Abraham Maslow）提出来的，我们所说的“儿童中心”“以学生为本”等，都是人本主义理论的观点。人本主义相信人性本善，强调人的尊严、价值、创造力和自我实现，认为每个人内心深处都有自我成长和自我实现的需要。人本主义理论在教育上的主张就是努力激发孩子的内部驱动力，培养孩子的自信心，让孩子获得成功的体验等。总之，希望孩子内心的“小火车自动开启”，让孩子依靠内部驱动力，而非外部驱动力。

精神分析学派由奥地利心理学家西格蒙德·弗洛伊德（Sigmund Freud）创立，其理论体系有些复杂。精神分析理论对现代社会的影响巨大。这个理论认为，我们每个人都存在被压抑着的潜意识，我们意识不到它们，但它们会影响我们的行为。人的思想就像是冰山，我们看到的只是水面上的冰山一角，大部分潜意识都隐藏在水面之下，等待我们发掘。

这对我们的教育有什么启示?

我曾经读过一篇文章，文章说我们真正能影响孩子并内化进孩子心灵的，是教育者的人格、教育者的成长，以及教育者和孩子之间的情感连接。

基于这一点，所谓教育的“上、中、下三策”还只是“术”，家庭教育之“道”乃是家长自己。

如果家长从小缺乏安全感，缺乏爱的能力，哪怕家长爱孩子，也无法对孩子进行爱的教育。有些家长明知自己有控制欲，却无法下决心改变。家长只有进行深刻的自我剖析，刮骨疗毒，成长为更好的自己，才有可能把孩子教育好。

从本质上说，家庭教育是家长的自我修行。

（2016 年 7 月）

家庭教育的时空观

一、教育孩子时应有时空观

平和建校 25 周年之际，在外求学的学子纷纷向母校发来祝福。

在美国哈佛大学读书的大三学生周同学也录了一段视频，她说："我始终记得万校长的话，'外在的荣誉都是浮云，内心的成长才值得珍惜'。"

我对她说过许多话，她记得这段，我感到很欣慰。

时常有朋友向我咨询孩子的教育问题，我总是开导他们要有时空观。

从空间维度来说，我们可以有三个视角——我、你、他。这三种人称不仅是叙述角度，也是思维角度。

孩子在遇到问题时，常常会陷入第一人称的叙事模式中不能自拔。我们可以引导他们用第二人称、第三人称描述事件。

从时间维度来说，我喜欢的方法叫"4 个 10"，即 10 分钟、10 天、10 个月、10 年。

在面临难题，情绪受到干扰时，我们的"快思考"会立即启动，往往我们用 10 秒钟就能做出判断，做出决定。这时候我们需要的恰恰是理性，应摁住"快思考"，启动"慢思考"。想一想，10 分钟以后我会怎么判断，做什么决定？ 10 天以后，我会怎么判断，做什么决定？ 10 个月以后，我会怎么判断，做什么决定？以此类推到 10 年以后。10 年以后，孩子已经长大了，10 年以前的事情也尘埃落定了。当下困扰你的那个问题，10 年以后多半早已烟消云散。思考的时间维度不同，得出的结论可能完全相反。

有不少作家喜欢用这种比较长的时间维度来进行创作。

陈忠实所著的《白鹿原》讲述了发生在陕西关中地区渭河平原白鹿原的白鹿村中白姓与鹿姓两家祖孙三代之间的恩怨情仇，时间跨度超过半个世纪。半个多世纪的历史变迁，可谓风云变幻、沧海桑田。类似这种以历史变迁为创作背景的小说还有很多，如果有一个温暖的结尾，那就是“度尽劫波兄弟在，相逢一笑泯恩仇”。

若故事的时间再长一点儿，10 个 10 年，就是 100 年。这很容易让人想到哥伦比亚作家加西亚·马尔克斯（García Márquez）的《百年孤独》。这本书描写了生活在加勒比海沿岸的布恩迪亚家族 7 代人的故事。故事很魔幻，结局很荒谬——小镇被一阵飓风刮走，从地球上消失了。

有的人习惯用 10 秒、10 分钟的时间维度思考。读这类时间跨度大的小说，你会被作者引导着用更长的时间维度来看待问题。

二、我们怎么看待自己这一生

我们使用这种比较长的时间维度思考，可能会碰到一个麻烦：似乎人生是一场梦幻。

苏轼的《念奴娇·赤壁怀古》体现了长期思维：“大江东去，浪淘尽，千古风流人物。”最后呢？“人生如梦，一樽还酹江月。”最终，诗人似乎陷入虚无与荒谬。

《三国演义》是我最喜欢的作品，其中人物众多，情节波澜壮阔，然而主要人物的时间跨度并不长，也就是一两代人。诸葛亮 26 岁作《隆中对》，被刘备三顾茅庐的诚意打动而出山，54 岁病逝于五丈原。诸葛亮在《三国演义》中的时间是 28 年。有人认为，诸葛亮一死，《三国演义》的故事就结束了。但是，很有意思的是，《三国演义》开篇即引用明朝三大才子之一杨慎的一首《临江仙》，其上阕脍炙人口："滚滚长江东逝水，浪花淘尽英雄。是非成败转头空。青山依旧在，几度夕阳红。"

"是非成败转头空"，那还奋斗什么？

这些年，我逐渐有点儿能读懂法国哲学家阿尔贝·加缪（Albert Camus）的思想了。

阿尔贝·加缪有一本很有名的哲学随笔集《西西弗神话》。西西弗是希腊神话中的人物，他一度绑架了死神，让人间没有死亡。最终，他惹怒了诸神，被罚推一块巨石上山。那块巨石太重了，每每未上山顶就又滚下山去。西西弗前功尽弃，只能周而复始地重复这样的劳作。

这个故事足够荒谬，然而这正是阿尔贝·加缪的哲学要表达的核心观点。他认为，世界本质上就是荒谬的，生活中的西西弗比比皆是。

我想到了我的母亲，她是一个毕生操劳的人。她每次来我家，第一件事就是帮我打扫卫生。每当清理出一些污垢，她就会很有成就感，一定要展示给我看。然而，我却在心里说：过段时间，还是要脏的呀！

我母亲就是那个西西弗。

鲁迅先生写过一首散文诗《立论》，开头是这样的：

我梦见自己正在小学校的讲堂上预备作文，向老师请教立论的

全国中小学教师/校长培训用书
源创图书
助力教师成长
源 创 图 书
以出版推动教育进步
源创图书微信

1 项目式学习（PBL）

《项目式学习指导手册：
每个教师都能做 PBL（小学版）》

［美］巴克教育研究院项目式学习计划 编著
来赟 邢天骄 译

《项目式学习指导手册：
每个教师都能做 PBL（中学版）》

［美］巴克教育研究院项目式学习计划 编著
潘春雷 陆颖 译

《真实的 PBL，真实的挑战：
项目式学习设计指南（小学篇）》

［美］珍妮弗·皮埃拉特 著
赵丽霞 徐晓红 译

《真实的 PBL，真实的挑战：
项目式学习设计指南（中学篇）》

［美］珍妮弗·皮埃拉特 著
徐晓红 赵丽霞 译

《50 个工具玩转项目式学习》

罗 颖 桑国元 石玉娟 编著

《项目式教学：
为学生创造沉浸式学习体验》

［美］苏西·博斯 约翰·拉尔默 著
周华杰 陆颖 唐玥 译

方法。

“难！”老师从眼镜圈外斜射出眼光来，看着我，说，“我告诉你一件事——

“一家人家生了一个男孩，合家高兴透顶了。满月的时候，抱出来给客人看，——大概自然是想得一点好兆头。

“一个说：‘这孩子将来要发财的。’他于是得到一番感谢。

“一个说：‘这孩子将来要做官的。’他于是收回几句恭维。

“一个说：‘这孩子将来是要死的。’他于是得到一顿大家合力的痛打。”

人总是要死的，这是一句实话。然而有时候说实话要被打，这就是生活中荒谬的表现之一。

在我看来，鲁迅先生所指的立论，指的是我们的人生态度。我们怎么看待自己的一生？人生有没有意义？如果有，到底是什么？

初看西西弗，我也觉得很可悲，进而想到我们每个人本质上都是西西弗，更是悲从中来。那么，阿尔贝·加缪对西西弗的态度如何？一个词——赞赏！阿尔贝·加缪说：“登上顶峰的斗争本身足以充实人的心灵。应该设想，西西弗是幸福的。”认识到世界荒谬的本质后，阿尔贝·加缪没有逃避、没有放弃，而是奋斗与坚持，这是对荒诞命运最有力的反抗。

阿尔贝·加缪认为，在推石上山的那一刻，西西弗是自由的、无畏的、充实的。他拥有一块始终会滚下来的巨石，这是天命，那又如何？

我们的态度恰如威廉·莎士比亚（William Shakespeare）的名言所说的那样：“让我们泰然自若，与自己的时代狭路相逢。”

我父亲在家很少做家务，于是，我母亲这一生便与她的命运狭路相逢。

即便是做家务，比如打扫卫生、整理房间这些事，有人也能将其上升到修心的高度。

日本人山下英子发明的“断舍离”的概念，其本质是通过收拾家中的破烂，来整理内心的破烂，从而让自己的人生变得快乐。

有的人干脆隐居起来，过苦行僧的生活，以此来修炼内心。然而，俗话说“大隐隐于市”。隐居可能有效，但是对于修心来说，既不充分，也不必要。陶渊明说：“结庐在人境，而无车马喧。问君何能尔？心远地自偏。”

如果家里有个闹心的孩子，家长和孩子一起成长的过程就是修心的过程，就不需要刻意增加那么多烦琐的仪式了吧。

三、我们要重视孩子内心的成长

米兰·昆德拉（Milan Kundera）最著名的小说是《不能承受的生命之轻》。有的年轻人可能连书名都读不懂。如果有了娃，经历了无数痛不欲生的折磨，你可能会对书名有所感悟。“是非成败转头空”，这就是“轻”。西方哲学到了近代也认识到了这一点，弗里德里希·尼采（Friedrich Nietzsche）说信仰是虚假的，人生是虚无的。既然人生是虚无的，当然就很“轻”。然而弗里德里希·尼采紧接着又说，人是自身价值的创造者。石头得推上山，生活得继续，班得继续上，孩子得继续教：这是创造价值的过程。这个过程越来越重，直到有一天，人们无法承受。

在教育孩子时，家长如何抛弃重负，轻装上阵？

第一，要认识到“生命之轻”。

我的一位朋友在经历了各种艰辛苦难、各种因缘际会后得出一个感悟：这个世界上的任何东西都不属于你，你只是短暂拥有他们而已。

第二，要创造“生命之重”。

在拥有他们的短暂时间里，我们是自由的，我们应当竭尽所能，创造属于自己的精彩，直到这个精彩重到无法承受。

跟我探讨教育问题的家长常常纠结于当下的得失：孩子在一次关键的考试里没考好，在一次重要的比赛中出现了失误。可是，真正重要与关键的，根本不是考试成绩、竞赛名次或升学结果，而是孩子成长的过程。

若十年以后再来看，此时此刻的外在荣誉都是浮云，孩子内心的成长才值得我们珍惜。

（*2022* 年 *1* 月）

未来社会需要孩子具备的三项技能

我看到的一个预测说，未来十到二十年，大部分职业都将被人工智能替代。我相对乐观，我认为即便人工智能替代了传统的职业，同时也一定会出现一批崭新的职业。有些工作机器暂时做不了，只有人能做。

教育要面向未来，我想谈谈我们的孩子需要具备什么样的技能，才能适应未来的社会。

一、三个小故事

我先跟大家分享三个小故事。

第一个故事来自知乎网友“呆萌萌”。“呆萌萌”是一位女生，她欣赏自己的表嫂对小侄女的教育方式。

小侄女两岁多的时候，“呆萌萌”的表嫂在家照顾她。表嫂偶尔接一些设计公司的活儿，需要到公司去。因为小侄女太小不能没人照顾，所以表嫂每次都会问她是跟妈妈一起去，还是留在家里。虽然每次小侄女的回答都一样，但表嫂每次都会问。天气有时候很冷，有时候很热，有时候还刮风下雨，但每次小侄女都会去。

到公司之后，表嫂会说，她要去跟别人谈事情，让小侄女一个人待着，不要闹，如果小侄女表现好，会得到一瓶爽歪歪。爽歪歪是一种饮料，小侄女很喜欢喝。即便表嫂有时候谈得不顺利，要谈很久，小侄女也很乖，从来不闹。

“呆萌萌”有时会去表嫂家吃饭。表嫂问小侄女用筷子还是勺子，小侄女通常都是用勺子。勺子选粉色的还是蓝色的，馒头要吃几个，粥要喝多少，表嫂都问得很清楚。表嫂事事都尊重小侄女的意见，只是小侄女一旦选定，就不能更改，不能反悔。一个不到 3 岁的孩子，能做到一个人吃饭，不哭不闹，而且吃得很干净。

这个故事很长，讲不完，我再讲一个片段。

有一次小侄女看中一盆小花，想买。表嫂答应了，让小侄女选，买完后小侄女抱着这盆小花继续逛。过了十几分钟，花盆掉落到地上，摔碎了。小侄女有点儿懵，提出还想再买一盆。表嫂说：“已经买过了。”小侄女说：“可是没有了。”表嫂说：“那是因为你没有拿好，摔碎了就不能再买了。”后来，小侄女不哭不闹，没有再提花的事情。回家之后，小侄女该吃吃，该玩玩，跟什么事都没有发生过一样。

第二个故事来自一次采访。

我刚做校长时，上海一家知名媒体的记者 M 女士来学校采访我。她想采访我的起因竟是平和的一名高中毕业生小 J。据 M 女士描述，小 J 在大一结束后的那个暑假回到上海，去了一家知名的报社实习。M 女士当时正是在这家报社工作。当时，在报社实习的学生有很多，其中有许多上海市一所著名大学新闻系的大四学生。M 女士说，那些大四学生有很功利的诉求，就是实习结束后让报社盖一个章，以获得学分。而对于实习的工作，他们大都敷衍了事。但是，小 J 却不同，她常常是早晨第一个到报社的实习生，还会打扫卫生，和各部门的人主动打招呼。而且，各种工作她都愿意接，包括帮别人拿外卖、寄快递。一个月之后，实习结束了，M 女士很惊讶小 J 连证明实习的章都不需要盖，于是跟小J深谈了一次。小J说，她实习的目的就是想用最短的时间了解一个行业是怎么运行的。M女士对她刮目相看，忍不住问她高中读的是哪所学校。她说是上海的平和学校。于是，M女士认定平和是一所好学校。

小J在平和读了十二年，长期当班长。她不仅做事认真，而且真心关怀他人，这些都给我留下了深刻的印象。同学过生日，她亲手制作小礼物；同桌不会做题目，她一遍又一遍耐心讲解；同学犯了错，因害怕而哭，她主动跟老师沟通并承担责任。这样的孩子到哪里都受人欢迎啊！

第三个故事讲一讲我自己。

有人可能以为我是一个很擅长演讲的人，其实并不是。一直到大学毕业，我都不敢当众发言。即便是现在，在一群人中，若有人征求意见，我也不会主动举手。2013年，我做校长时，常常发愁开教师大会时该讲什么。

现在，我一年至少做二十个不同的演讲，短则二十分钟，长则两三个小时，内容都不一样。很多人觉得我讲得很好，很有道理，问我是如何积累的。我答复说："就是厚积薄发呀！"譬如你穿过一座山，要经历一条隧道。虽然隧道很长、很黑，但是你一旦穿过去，就会进入一个光明的世界。

演讲是一种输出，要有好的输出，得先经历两个环节：输入与整理。所谓输入，就是大量地读、看、体验；而整理，则是独立地思考。很多人只看到黑暗，其实是因为他们还在隧道中，当输入与整理到了一定的程度时，便离隧道口不远了。

二、三项品质

我跟大家分享的三个故事分别对应三项品质。

1. 独立——选择

第一个品质是“独立——选择”。

家长们会问我一些有关家庭教育的问题。例如，在家里对孩子很民主，从不打骂孩子，这样好不好？我说没有好不好，任何一种教育方式都只是一种选择，而每一种选择，都有优点与不足。当我们做出一种选择的时候，就需要做好承担其带来的所有结果的准备。例如，在孩子很小的时候，你就尊重他的个人选择，那么孩子长大后做出一个决定，你即便不认同，也必须尊重，否则就是前后不一，就会有无尽的苦恼。

平和是一所十二年一贯制的寄宿制学校。一些孩子从小学一年级就开始住宿。寄宿制学校最大的优势就是能培养孩子独立自主的能力。这些年我看到许多从小就开始住宿的学生独立自主、自信阳光，和父母的感情也非常好。

2017 年，美国投资家吉姆 · 罗杰斯（Jim Rogers）曾应邀到平和来演讲，在提问环节，有人请他给在座的孩子们一个忠告。他说，尽早去一个远离父母的城市读书。

未来如此多变，我们送给孩子的最好礼物，就是让他们能够独立自主地面对这个世界，善于做选择，有对自己的选择负责的担当精神。

2. 克己——利他

第二个品质是“克己——利他”。

有的年轻人往往很自我，但利他型的人更适应社会。有一个故事让我印象深刻。公司主管在听一位实习生汇报工作，实习生说话说到一半忽然停下来。主管问她怎么了，她吐吐舌头笑道："我看见您正在聚精会神地打喷嚏，我爸爸说不要打扰正在打喷嚏的人。"听到这样的话，我们仿佛看到了她的父母是怎么教育她的。

尤瓦尔·赫拉利在一次访谈中谈到，在未来社会中，人类与人工智能将会并存。未来的孩子应当具备很强的沟通能力，具备很高的情商，因为沟通能力及情商是机器所不具备的。什么是情商？我个人认为，一言以蔽之，情商就是心中有他人。

3. 努力——坚持

第三个品质是"努力——坚持"。

我曾经写过一篇文章，叫《心的力量》。其中有一句："心在哪里，能量就在哪里。"有能量的地方，一定有结果的显现。绳锯木断、水滴石穿，都是努力坚持的结果。

有一个成语叫"日拱一卒，功不唐捐"。"日拱一卒"就是每天做一件小事。（这看起来不是什么了不起的大事，但坚持下去，就会取得了不起的成就。）"功不唐捐"就是功夫不会白费的意思。

三、家长需要问孩子的四个问题

家长可以经常问孩子以下四个问题。

问题1：身边有什么好事发生？

这个问题有助于父母了解孩子的价值观。价值观是方向，孩子若三观不正，再努力也不行。你问孩子身边有什么好事发生？孩子若回答某某某买彩票中奖了；家里某位亲戚嫁了个好人家，干得好不如嫁得好；等等。这就是通常讲的三观不正。孩子的价值观需要父母在日常生活中结合具体的事情一点一滴地引导。

问题 2：今天有什么收获？

这个问题有助于培养孩子坚持与努力的品格。重大成就与突破并非一蹴而就，而是靠日积月累。天赋给予的东西，如容貌、智商不值得赞美，而“日拱一卒”，即后天的小进步、小努力、小尝试，都值得鼓励。

问题 3：今天有什么好的表现？

这个问题有助于家长观察孩子的独立性与自主性。对于孩子好的表现，家长及时给予正向的反馈可以强化孩子的优秀品质。教育的力量很强大，上面我讲的第一个故事给我们的启示是，培养孩子独立自主的能力要从孩子小的时候开始。

问题 4：有什么地方需要提升？

这个问题有助于培养孩子克己与利他的品格。以自我为中心是人的天性，人要不断地与自我做斗争。法国作家维克多 · 雨果（Victor Hugo）说，每一点儿克制都会让我们自己变得更坚强。人需要克服的地方往往是自己的弱点，强调困难与问题是向外看，强调自己需要提升是向内求。

四、结语

家庭教育是一门大学问，良好的家庭教育可以为孩子未来的成长打下坚实的基础。

查理·芒格有很多名言，我最喜欢的是："要想得到某样东西，最可靠的办法是，让自己配得上它。"

（*2018* 年 *11* 月）

教育的压力如何“断舍离”

“蹉跎莫遣韶光老，人生唯有读书好。”如今经济发达、科技进步，是读书最好的时代。但同时，科技带来的海量信息有时会让我们无所适从，压力倍增。

一、减压要学会“断舍离”

日本人山下英子提出的“断舍离”的概念近些年不仅风靡日本，而且逐渐影响世界。所谓“断”，就是“断绝无用”；“舍”，就是“舍弃多余”；“离”，就是“脱离执念”。“断舍离”指的是，把家里没用的东西扔掉，过简单的生活。

山下英子在《家庭断舍离》一书中提到，她提出这个概念主要受《老子》的影响。《老子》第四十八章说：“为学日益，为道日损。损之又损，以至于无为。无为而无不为。”讲得直白一点儿，就是人要学会做减法。一减再减，最后剩下的，就是道。

“断舍离”可不是单纯讲整理家务，而是讲人生。山下英子从小和母亲关系紧张，她的母亲和大多数节俭的妈妈一样，不喜欢扔东西。山下英子长大后，刻苦钻研中国传统文化，最终感悟出“断舍离”的道理。当母亲接受断舍离之后，母女俩的关系得到极大的改善。“断舍离”的本质是通过收拾家里的破烂，来整理内心的破烂，从而让自己的人生变得快乐。

我们的孩子才刚刚开始精彩的人生，然而其中一些人已经背负了很大的压力。我们想得到的东西太多，需要精简。精简后的人生更专注、更充实，更能实现自我。人生法则是对精简之后的人生的理解。我送给大家三条人生法则，每一条法则各有三个小建议。

二、三条“断舍离”的人生法则

1. 具身认知

1687 年，牛顿出版《自然哲学的数学原理》，对万有引力定律和三大运动定律进行了阐述，一举奠定了他在物理学历史上无可撼动的地位。今天我们在中学学习的物理，无论是力学、光学还是热学，都属于牛顿物理学的范畴。人们在日常生活中所见到的现象，基本上都可以用牛顿的物理学定律阐释。毫不夸张地说，没有牛顿，就没有现代物理学。

牛顿之后，物理学得到迅猛发展。到了 1900 年左右，一些物理学家甚至认为，物理学已经没有什么新东西可以发现了，剩下的事情就是把实验数据做得更加精确而已。

同样在 1900 年，一位 21 岁的博士生勉强从瑞士苏黎世联邦理工学院毕业。他托了各种关系，好不容易在 1902 年找到一份瑞士伯尔尼专利局的工作。这个青年人名叫爱因斯坦。他白天上班，业余时间研究物理学。到了被称为“爱因斯坦奇迹年”的 1905 年，他一口气写出 5 篇划时代的物理学论文，其中一篇提出了狭义相对论原理。1916 年，爱因斯坦发表论文《广义相对论基础》，震惊世界。广义相对论指出物体的质量能够让时空弯曲形成引力场，这彻底推翻了牛顿的绝对时空观。

讲完自然科学，我们再来看社会科学。

著名投资人乔治·索罗斯（George Soros）曾经提到过一个重要的概念“反身性”。中国人讲知行合一，但到底是知易行难还是知难行易？“反身性”理论认为，知与行是交织在一起的。我们以为知而后行，但其实行对知产生的影响也很大，二者相互作用。

成语“疑人偷斧”就是“反身性”的一个典型例子。你丢了一把斧头，怀疑是邻居拿的。你用怀疑的眼光看邻居，越看越觉得是他拿的，而邻居觉得你对他不怀好意，因此产生警觉与戒备，让你更加确信邻居很可疑。

爱因斯坦认为，物质让空间弯曲，空间让物质运动。乔治·索罗斯认为，认知改变行动，行动影响认知。

美国芝加哥大学心理学系教授西恩·贝洛克（Sian Beilock）更进一步。他写了一本书《具身认知：身体如何影响思维和行为》，提出改变我们情绪与认知的不仅仅是行动，还有我们的身体。例如，我们手握拳头，做扩胸运动，会产生豪迈之气；心情压抑的时候嘴里咬上一支笔，会产生积极的情绪，因为咬笔让我们看起来像是在微笑。

我们不仅仅因快乐而微笑，也会因微笑而变得快乐；不仅仅因自信而昂首挺胸，也会因昂首挺胸而变得自信；不仅仅因为有爱心而做公益，也会因为做公益而产生爱心……这些结论颠覆了传统认知的概念。我们不只通过大脑来认识世界，而且同样通过身体来认识世界，如果换一个身体，我们对世界的认知可能完全不同。

基于以上有关具身认知的理论，我给出以下三条建议。

第一，勇于行动。

许多人生得平庸、活得烦恼，是因为他们是思想的巨人、行动的矮子。法国哲学家勒内·笛卡尔（René Descartes）说：“我思故我在。”“反身性”理论告诉我们，我做故我在。“纸上得来终觉浅，绝知此事要躬行。”因此，千言万语抵不过一次勇敢的行动。

第二，培植信念。

相信什么固然重要，但相信本身也非常重要。信念改变环境，信念改变他人。精诚所至，金石为开。立志、锁定目标、坚持，这些传统的美德在今天依然有巨大的力量。“念念不忘，必有回响。”我认识的一个人天生比较倔强，他的口头禅是“我倒不相信了”。你还别说，别人做不成的事情他往往能做成。

第三，塑造身体。

身体影响情绪，身体影响思维。改变认知先从改变身体做起。平时加强锻炼，让身体变得强壮。我们希望自己变成什么样子，让身体先行动。想要变得友善，就学会微笑；想要变得谦卑，先从谦卑的动作开始做起；想要让别人接受你，先去模仿对方的动作，使自己与对方同频。身体先行，精神层面的东西就会慢慢跟上。

2. 飞轮效应

公元前 287 年，古希腊诞生了一位对后世产生重要影响的数学家、物理学家阿基米德。阿基米德留下了很多传奇故事，其中他在洗澡时发现浮力原理的故事流传最广。相传一位国王让工匠打造了一顶纯金王冠，又怀疑工匠掺假，就让阿基米德来检验王冠。阿基米德在家里洗澡的时候发现水从澡盆往外面溢，突然灵光一闪：物体受到的浮力等于它排出的水的重量。浮力原理就这样被发现了。后来，阿基米德找来与王冠等重的黄金，将黄金与王冠各自放到两盆盛满水的盆里，发现放王冠的盆里溢出的水更多，说明王冠里被掺入了其他金属。

阿基米德还发现了杠杆原理，他有一句名言：“给我一个支点，我就能撬起整个地球。”今天我们如果要安装家具，扳手之类的小工具必不可少。我们无法用手指拧动螺丝，但是用小扳手却很容易做到。这就是杠杆原理的应用。

一个微小的输入便能产生很大的输出，这样的例子还有一个，就是多米诺骨牌效应。每一张多米诺骨牌倒下的时候，它因重力势能转化而来的动能都会转移到下一张骨牌，因此，动能会越来越大，速度会越来越快。一张小的骨牌能推倒比它大的骨牌，初始微小的推力最后能产生巨大无比的力量。连续推倒多米诺骨牌的关键是什么？是初始的小小推力吗？并不是。骨牌按照一定规则排列才是。换言之，骨牌形成一个环环相扣的系统，才是它们能被连续推倒的关键。

骨牌与杠杆有共通之处。杠杆的支点相当于骨牌的排列系统，一点儿小小的输入就会产生很大的输出。然而真实的世界比杠杆和骨牌更复杂，真实的世界更像是一个飞轮。

杰夫·贝索斯（Jeff Bezos）将亚马逊公司商业成功的秘密归结为“飞轮效应”。巨大的飞轮刚刚转动时，我们要用很大的力气，但是每一点投入都不会白费，等到飞轮慢慢转动起来，各个关键要素之间构建成了动力传递体系，形成闭环，整个飞轮体系就会持续自我运转。杰夫·贝索斯认为，企业的各个部门就像是飞轮的各个齿轮，这些齿轮相互咬合在一起，环环相扣，共同发力，最后让飞轮快速地转动起来。

我们看身边有些人做事轻而易举，那是因为他的飞轮已经转动起来。我们不要心急，一口吃不成胖子，得慢慢来。

基于“飞轮效应”，我给出三条建议。

第一，建构系统。

杠杆、骨牌、飞轮都有一个内在系统，在这个系统内，每一个部分相互关联，各部分之间的咬合度决定了系统的效率。很多人定下目标，最后却没有实现，原因就在于系统有问题，各部分之间的咬合度不够。例如，我要在 100 天之内记住 5000 个单词，平均一天要记 50 个新单词，还要复习旧单词。我首先要构建一个系统，设定每一个阶段的目标是什么，每一天的目标是什么，没有完成怎么办，遇到突发情况怎么办，还要有各种监督与保障措施。

有一种应用程序专门监督人完成任务清单里的内容，如果没有完成就会发出提醒。如果应用程序发出提醒之后，你还不完成任务，应用程序就会扣钱。有些人为了实现目标，心甘情愿地被扣钱。

第二，厚积薄发。

俗话说“万事开头难”，我们先做起来再说。一开始我们的投入很可能如泥牛入海，没有回音。此时，我们需要做的就是不断坚持。珊瑚岛在没有长出海面时，陆地上的人什么都看不到，但珊瑚一刻不停地构筑根基，一旦崭露头角，便是浩瀚一片。此所谓厚积薄发，“不鸣则已，一鸣惊人”。

第三，形成习惯。

习惯成自然，做自然而然的事情我们不需要费什么力气。企业也好，人也好，在习惯的作用下，到最后都是自动化发展。

3. 罗素悖论

1903 年，英国数学家伯特兰·罗素（Bertrand Russell）提出了著名的罗素悖论，震惊数学界。伯特兰·罗素构造了一个集合 S，S 由一切不属于自身的集合所组成。由此带来矛盾：S 属于自己吗？

伯特兰·罗素举过一个通俗的例子，即著名的理发师悖论。一位理发师宣称，他只给不给自己刮脸的人刮脸。有一天，他在镜子里看到自己的胡子长了，正准备给自己刮脸时，想起自己说过的那句话。请问，他该给自己刮脸吗？我也举一个例子。一个人说：“我正在撒谎！”请问，他的这句话是谎言吗？此时此刻，中国人的一句俗语很应景：“猪八戒照镜子，里外不是人。”

怎么解决伯特兰·罗素提出的悖论？我认为有一个很简单的办法，就是把自己排除在外。一旦把自己纳入其中，悖论就产生了。

我们的学生经常有很多问题想不通。为什么想不通？因为人生充满各种矛盾与悖论。人生为什么充满悖论？因为人认知世界的时候，是把自己包括其中的。一旦把自己包括其中，悖论就无可避免地产生了。这就导致了一个普遍的现象：说别人时头头是道，旁观者清；思考自己的问题时一团乱麻，当局者迷。一些人懂得很多道理，却还是过不好这一生，是因为那些道理都是用来指导别人的，却指导不了自己。好朋友来找你指点迷津，你耐心细致地予以劝导，逻辑清晰，合情合理，然而一转身，想起自己还有一摊子烂事没法解决。

我们要逐步帮助孩子认清这一人生悖论，并让他们学会面对。这一问题很可能要困扰他们一生。

基于罗素悖论，我给出以下建议。

第一，理性待己。

所有事情，一旦以自我为中心来思考，就会出现偏差。我们要学会逐渐把自己从事件当中抽离出来，从以自我为中心转移到以宇宙为中心。我们要学会远远地、不带情绪地、冷静客观地看自己，每日三省吾身，做自己的旁观者。

第二，感性待人。

在与人交往时，我们要认识到他人的很多行为都是情感与情绪的结果，学会用同理心去接受和包容。有时候，跟别人讲道理不一定讲得通，通过感性的方式反而能更好地化解矛盾。

第三，兼容并包。

真正的大师级人物能够将理性与感性完美融合。他们有着非凡的想象力，既相信直觉的力量，也有着严密的逻辑，非常善于通过控制感情、运用感情来影响他人、改变世界。

三、“断舍离”的本质是给自己正向反馈

以上三条法则，如果进一步精简，用一个词来描述，就是正向反馈。我们有一个认知，就会采取一个行动，这个行动会影响我们的认知，从而让我们再采取另一个行动。

我们需要通过“断舍离”，抛弃头脑中无谓的干扰，回归初心，找到影响我们成长的要素，将其排列成一个相互咬合的系统，然后开始行动。而行动的结果又会给出正面的反馈，让每一次的输入都形成下一次的输出，像多米诺骨牌效应一样，力量越来越大，改变由此发生。

所有这些事情有一个共同的起点，那就是接受自己。

美国心理学家卡尔·罗杰斯（Carl Rogers）说：“一个有趣的悖论是，当我接受我本来的样子时，我就能改变了。”

与其抱怨人生，不如改变自己。改变自己的前提是接受自己。所谓接受自己，就是接受自己的出身，接受自己的家庭，接受自己无法改变的部分，接受命运的安排。当你全心全意接受时，奇妙的事情会发生。

人生是一场旅行，也是一场修行。希望家长能帮助孩子走出自我认知的悖论，精简出自己的人生法则，有精彩的人生。

（*2019* 年 *9* 月）

中 编

教育的有用与无用

家庭教育的六个模型

朋友老李找我倾诉，他正在读中学的女儿最近出现了一些问题：孤僻、厌学，不愿与人交往，不愿到学校上学。

老李是理工科出身，在互联网公司工作。他事业有成，对孩子的教育却无可奈何。

我用了六个模型帮他分析。

模型一：期待与支持

我说，有人用两个维度来衡量家庭教育。第一个维度是支持，第二个维度是期待。这样，家庭教育就可以分为四种类型：低支持低期待、低支持高期待、高支持低期待、高支持高期待。

低支持低期待，我称之为放任不管。我们的上一代人大多数是在十分宽松的环境下生长的，因为家里兄弟姐妹多，父母忙于生计，顾不上管孩子。

低支持高期待，我称之为专制威权。在《红楼梦》里，贾宝玉集万千宠爱于一身，却只怕一个人，那就是他的父亲贾政。贾政对贾宝玉要求极高，动不动就大喝“孽障”“畜生”。只要听到父亲召唤，贾宝玉就如同被雷劈了一般，失魂落魄。我们身边的有些父亲跟贾政类似，平时工作忙，没时间陪孩子，一旦孩子成绩不好，就大发雷霆。

高支持低期待，我称之为春风化雨。贾府里的其他人对贾宝玉就是这样的态度，以贾母为甚。这种做法通常被认为是对孩子的溺爱纵容，但我认为不能一概而论。

高支持高期待，我称之为“虎爸”“虎妈”。有一些全职家长，全身心投入到对孩子的教育当中，给孩子无微不至的关怀与照顾，同时，对孩子的要求也极高。许多人推崇这种家庭教育模式，认为这将会使孩子幸福成长，我认为也是要因人而异的。

“你属于哪种类型？”我问。

老李想了想说：“孩子的妈妈应该是高支持高期待，我属于低支持高期待。”

我点点头说：“基于你女儿的状况，你和夫人不妨试一试高支持低期待。”

模型二：“正数”教育、“零数”教育、“负数”教育

老李说：“女儿特别喜欢玩手机。我尤其不能容忍她吃饭的时候看手机。但是，说了也不听。有一次我实在忍不住，把她的手机砸了。”

“然后呢？”我问。

“她一个月没跟我说话。”老李说，语气中带着一些懊恼和沮丧。

2015 年我出版过一本书《教师的五重境界》，里面有一篇文章《“负数”教育》。从结果来看，我们的教育可以分为“正数”教育、“零数”教育、“负数”教育。

在不能做到“正数”教育的情况下，也就是说，如果你不知道怎么做算有作为，那么宁愿不作为，也不要乱作为。这就是“零数”

教育。

许多时候，我们操之过急，求胜心切，结果适得其反，不但未能达到预期的效果，反而带来严重后果。这就是“负数”教育。显然，老李的做法是“负数”教育。

模型三：黑匣子

老李是工程师，善于归因。我提醒他，教育的问题太复杂了，无法简单归因。

有些孩子成长得很好，你可以照搬这些孩子父母的经验吗？不能。因为他们介绍的经验与孩子的成长之间是否存在因果关系，是个无法证明的命题。况且，你无法找到两个一模一样的孩子，用不同的教育方式做对比实验。即便是一个家庭里的同卵双胞胎，个性也有明显的差异。因此，所谓的成功教育模式，不一定适合所有人。

“有时从低支持低期待的家庭中，也能飞出金凤凰。”我说。

老李点点头，说他有一个同事的孩子就是这样的。那个同事的孩子考了年级第一名，学校让他的同事介绍家教经验，可他连孩子读几年级都不清楚，怎么介绍？

因此，我说，我们可以把孩子看成一个黑匣子，我们并不清楚黑匣子里面的运作机制，只能尝试不同的输入，看看孩子会有怎样不同的输出。

老李说：“这个我熟悉。人工智能的深度学习方式就是这种模型。我们不断用大数据‘喂’它，最后试出合适的参数，得出足够有效的模型。”

每个孩子的模型和参数都是不同的，有些孩子敏感，有些孩子皮实。面对不同的孩子，我们只能不停地试。

模型四：自驱式成长

“难道教育没有共性吗？”老李问。

“当然有共性。”我说，“我们有一个相对而言大多数人都认可的模型，叫作自驱式成长。”

我认为，人这个黑匣子内部有一台发动机，这台发动机不断驱使人进步，心理学称之为“动机理论”。我们研究人的行为，首先要研究人的动机。

“教育不是灌输，而是点燃。”这个观点就是基于“动机理论”。

人生不是短跑，而是马拉松。许多人跑到一半便不跑了，失去了动力，发动机就熄火了。

孩子在学校的时间毕竟短暂，在大部分时间里他们都要独自面对这个世界。因此，现在我们更强调激发孩子内在的动机，让孩子内心的发动机动力十足，在非常恶劣的环境下也不会停止。最好，孩子能够越挫越勇，遇强更强。

我问：“你女儿在这方面的情况如何？”

老李说：“她应该还是有内驱力的，她对自己的现状不满意，有些焦虑，但自己不做出改变，我们说多了她又生气。”

我说：“她很可能陷入了泥沼之中，想挣脱出来，但凭借自身的力量又做不到。她其实很需要你们的支持，但是你们不懂她。你们给的她不需要，她需要的你们没有给。”

“她需要的究竟是什么？”老李问。

“用无条件的支持，唤醒她内心的力量。”我说。

模型五：镜与灯

“那我应该怎么做？”老李问。

“首先，你自己需要向内看，因为要关注孩子，首先要关注自己。”我说。

在 2021 年春季平和全校教职工大会上，我做过一个主题为“镜与灯”的开学演讲。我在演讲中提到，镜与灯是人类认识世界的两种工具，这两种工具可以帮助我们成为更好的老师和家长。镜显示真相，灯指示方向。

“你对教育孩子充满无力感，是不是？”我问。老李点点头。

“这就是了。”我说，“你的职业生涯很顺利，但这不代表你是一个完美的人。孩子是我们的一面镜子，如果我们不是把孩子当作教育的对象，而是把孩子看成能映射出我们自身缺点的一面镜子，我们其实应该对孩子充满感恩之心。”

我们的同事、下属乃至领导可能不会直接指出我们的缺点，但是孩子会。如果我们执迷不悟，孩子会用各种方式提醒我们。

镜子用来照自己，灯用来温暖他人，照亮他人。孩子是独立的生命体，因我们而来，又终将离我们而去。每个孩子都有其自身的命运，如果能遇到不断反思、终身成长的父母，这个孩子便是幸运的。

模型六：系统思维

老李若有所思。

我说：“家庭是一个系统。系统中的一部分出现问题，根源可能在另一个地方。你女儿的问题，根源可能在你和你夫人身上。你也不要抱怨你夫人，你不能改变她，你只能改变自己。”

系统思维的奇妙之处在于，当你改变系统里的任意一个部分时，整个系统都会随之发生改变。比如，中医所用的思维就是系统思维，因此，中医讲究不能头痛医头、脚痛医脚。

系统思维的坏处是，建立一个有稳定预期效果的模型很难。如果将爸爸、妈妈、孩子看作天体物理学中的“三体”，这将是一个极不稳定的系统，任何系统内外的微小改变都会带来不可预知的结果。

系统思维的好处是，在任何一个局部做出一点儿小小的改变，就会带来出乎意料的效果。我们需要改变和提升的，正是我们自己。

尾声

我答应老李，如果他女儿不反对，我愿意抽时间跟他女儿聊一聊。我想跟他女儿聊的重点，是一个人如何自立自强。家庭无所谓好坏，我们无法选择，而应将所有经历与际遇，当作自身成长过程中的滋养。

（*2022* 年 *1* 月）

向前看，向前走

家里有熊孩子怎么办？

孩子不愿练琴怎么办？

青春期的孩子早恋怎么办？

孩子浑浑噩噩没有内驱力、没有目标怎么办？

对这些困扰家长的问题，我有一个简明的建议——向前看，向前走。

一、人生只能向前看

2008 年北京奥运会开幕式结束后的那个夜晚，我和千千万万中国人一样，被一种强烈的情绪所包裹，那就是震撼和自豪。

2022 年北京冬奥会的开幕式、闭幕式依旧惊艳，且与 2008 年北京奥运会遥相呼应。总导演张艺谋再一次登上网络热搜。

我看了张艺谋的采访视频，无意中读了采访中推荐的一本书《张艺谋的作业》，深受震撼。这本书由张艺谋口述，由曾供职于中信出版社的方希执笔。这本书按时间顺序呈现了张艺谋的摄影作品，同时讲述了这些照片背后的故事。

张艺谋出生于 1950 年，初中毕业后在陕西农村插队劳动。他 21 岁返城后到一家工厂当工人。一开始每月工资 36 元，后来涨到

40.2元。

在表哥的启蒙下，张艺谋爱上了摄影。通过节约生活费、接受母亲的资助等方式，张艺谋用几年时间攒了一百多元，于1974年买了一台海鸥4型双镜头反光相机，从此开始了他的摄影生涯。

那段时间，他把所有能借到的跟摄影有关的图书都用工整的笔迹整本整本地抄录下来。张艺谋说："我抄了几十万字，那会儿的书不像现在的，动不动大厚本儿，很多都是小册子。"①

1978年，恢复高考的第二年，张艺谋如愿以偿去了北京读大学。

他之后的故事我们都知道：1982年大学毕业，被分配到广西电影制片厂；1984年，在电影《一个和八个》中担任摄影师，获中国电影优秀摄影奖；1987年，主演电影《老井》，获得第2届东京国际电影节最佳男演员奖、第11届大众电影百花奖最佳男演员奖、第8届中国电影金鸡奖最佳男主角奖；1987年执导的第一部电影《红高粱》获得第38届柏林国际电影节最佳影片金熊奖。

自此，张艺谋名声大噪。

张艺谋之后执导了多部电影，包括《菊豆》《大红灯笼高高挂》《秋菊打官司》《活着》《一个都不能少》《我的父亲母亲》《英雄》《十面埋伏》《满城尽带黄金甲》《山楂树之恋》《金陵十三钗》《归来》《悬崖之上》……

人红是非多。伴随着鲜花与掌声，张艺谋所遭遇的批评、谩骂也是常人无法想象的。对此，张艺谋从不回应，从不解释，"不用说，说了也没人信"②。

方希认为，张艺谋并不缺乏沟通的途径，也不缺乏做公开声明的媒体，为何要任由别人这么泼脏水，解释一下有那么难吗？

---

①② 张艺谋，方希.张艺谋的作业[M].北京：北京大学出版社，2012: 17, 195.

张艺谋认为，解释是留在原地，是在泥浆里滚来滚去，你认为是解释，别人认为是玩把戏。

不同的人关注张艺谋的不同侧面。

有人关注他发掘演员的独特眼光；有人关注他与电影制片人张伟平长达20年的恩怨纠葛；有人关注他因超生被罚款的新闻；有人关注他的《印象·刘三姐》《印象·丽江》等“印象”系列作品；有人关注他作为奥运会开幕式总导演的恢弘创意；等等。我关注的却是他对于批评、打压、谩骂乃至造谣、诽谤的态度。

张艺谋为什么不解释？因为他认为解释是留在原地。他有更重要的目标，他不要留在原地，他要向前走。

向前走——当这三个字从脑海中跳出来时，我的内心大为震动。

我自认是一个心胸开阔的人。曾经有一位学校的中层干部受了屈辱之后来找我倾诉，我送给他四个字：忍辱不辩。

我回答：“人民群众的眼睛是雪亮的，你受了委屈，大家都知道。你工作一直勤勉，兢兢业业，默默奉献，大家也看得到。你要是因为这一点儿委屈就跳起来，为自己辩解抗争，甚至攻击其他人，那么你之前的那些努力不都白费了吗？”

又有一次，一位优秀的高三学生申请国外的大学，请我写推荐信。在跟她聊天的过程中，我发现她内心有一些负面的情绪难以排解。这位学生有极强的内驱力，对自己要求很高，对身边的人要求也高。“木秀于林，风必摧之。”这是事物的规律。她生性敏感，总觉得别人不理解她、误解她，甚至对她有恶意。她毕业的时候，我写了几个字送给她：“弱者报复，强者宽容，智者忽略。”

如今看来，在认知层面，我还是达到了一定水准的。然而“纸上得来终觉浅，绝知此事要躬行”，知行合一始终是我们一生的难题。我平静、理性的时候，可以对别人侃侃而谈。但当经历一些事情，自己置身其中，被情绪裹挟着，心情波澜起伏时，我发现，要真正做到我对别人说的那些话，太难了。恰如，我们在平地上能轻易实现的事情，在狂风暴雨中颠簸的船上，便难如登天。

然而“向前走”这三个字，于我恰如镇舱之石，让我明白我有自己的目标、使命，没有必要停在原地。争辩也好，反击也好，都不如——向前走。一念至此，我的内心通透敞亮。正所谓“两岸猿声啼不住，轻舟已过万重山”。

人总是要向前走的。你不走，时代也会推动你前行。

熊孩子再不堪，也只是现在不堪。家长需要向前看。

《后汉书·郭泰传》记载了一个“破甑不顾”的故事。一个叫孟敏的人住在太原，有一天他背的甑掉在地上，他看都不看，继续向前走。当地名士郭泰正好看见，就问他原因。孟敏回答说：“甑已经破了，看又有什么用呢？”

曾国藩说的“既过不恋”也是同样的意思。所有成绩都代表过去，不值得留恋，正所谓“凡是过往，皆为序章”。所有苦痛既已发生，我们就不必再像祥林嫂一样反复叙说，而要擦干眼泪，继续前行。丑小鸭会变成白天鹅，鸡窝里能飞出金凤凰。

“小时了了，大未必佳。”不少名校学生的人生最高峰是拿到大学录取通知书的那一刻。因为他们停下来了，他们没有及时清零。瓶颈总在瓶子的顶端，成功是成功者的紧箍咒，而突破的秘诀就是——向前走。

1998 年，沃伦·巴菲特（Warren Buffett）在美国佛罗里达大学商学院做了一个很有意思的演讲，他让在场的 MBA 二年级的学生做了一个思想实验。

沃伦·巴菲特首先问了一个问题：“假如现在你可以选一个同学，买入他余生 10% 的收入。你不能选富二代，只能选靠自己奋斗的人。

我给你一个小时来想这个问题，你会选谁？”你选择一个人一定是因为他身上的一些品质，比如慷慨大方、诚实正直等。沃伦·巴菲特建议大家，想象自己拿出一张白纸，在中间画一条竖线，把这些品质写在左边。

然后，沃伦·巴菲特再请大家选择一个同学，做空他余生 10% 的收入，这次又会选谁？同样，把这些人的品质写在纸的右边，比如贪得无厌、自私自利、投机取巧等。

沃伦·巴菲特说："左边的品质，只要你想获得，没一个是你得不到的；右边的品质，没一个是你非有不可的，你身上要是有，一定可以改掉。"

在演讲结束后的问答环节，沃伦·巴菲特说："我们从来不想已经过去的事。我们觉得未来有那么多值得期待的，何必对过去耿耿于怀。不纠结过去的事，因为纠结也没用。人生只能向前看。"

二、目标和动力

一个人要做到向前看、向前走，要解决两个问题：一是目标，二是动力。

先说目标。有人说，对于没有方向的船来说，任何风都是逆风。在茫茫四野中，你说向前看。身边的人问你，哪里是前？一旦有了目标，方向就明确了，哪里是前，哪里是后，一清二楚，一目了然。

再说动力。有些孩子天生内驱力就很强，他们要么不做，要做就做到最好。他们的目标就是做到最好。所谓别人家的孩子，就是那些根本不需要家长操心，自己就有不竭的动力的孩子。

但大部分孩子并非如此。要激发其内在动力，家长只需记住一点：目标是孩子自己定的，而非别人强加给他的。教育者不要千方百计把自己的目标变成孩子的目标。

一个人做自己喜欢的、想做的事时，动力十足，势不可挡。

美国作家马克·吐温（Mark Twain）说，人生命中最重要的两天就是出生的那天，以及发现人生目标的那天。出生那天，是肉体的觉醒；发现人生目标的那天，是精神的觉醒。精神觉醒更为重要。《了凡四训》说："从前种种，譬如昨日死；从后种种，譬如今日生。"这是真正有意义的人生的开始。

（*2022* 年 *6* 月）

教育不是技术问题，而是认知问题

一、家长可不可以打孩子

中国有一句古训，叫作“棍棒底下出孝子”，对此很多年轻家长并不赞同。

二三十年前，在这一代年轻家长小的时候，父母打孩子的现象司空见惯。当这一代年轻家长也成为父母以后，可不可以打孩子就成了一件纠结的事。有人认为可以打，有人认为不可以打。

可不可以打孩子？不同的教育专家会给出不同的答案。我听过一个观点：事先要定好规则，孩子犯了错误要惩罚，用戒尺打手心或者屁股未尝不可。要知道成年人如果犯了错，只接受这样的惩罚，已经是很好的结果。有的专家说体罚会给孩子带来心理创伤，这是另一个话题了，涉及体罚的度的问题。

二、教育不是技术问题，而是认知问题

这些年，我越来越倾向于认为，教育孩子不是技术问题，而是认知问题，甚至是哲学问题，其核心是我们自己对人生的思考。

二十余年来，我对教育的认知经历过五个阶段。

第一个阶段，青睐学霸。我在学生时代参加过数学竞赛，拿过

奖。参加工作后，我教数学，有奥数教练的证书，特别喜欢讲数学难题。对我来说，给聪明的孩子讲奥数题就是一种享受。后来，我放弃了走奥数教练之路，因为我发现学霸毕竟是少数，学霸之外的世界更宽广。很多家长自己是学霸，有时候会抱怨为什么自己的孩子学习不够拔尖。其实这很正常。父母若是杰出人才，孩子一般很难超越，统计学上的均值回归定律可以解释这种现象。

第二个阶段，跨越学科。中国孩子如果数学不好，会很自卑，因为大家默认，数学好等于智商高。实际情况却不是这样，我们身边有很多人聪明能干、事业有成，可是他们以前读书时数学可能并不好。还有一些在文学、艺术方面有天赋的孩子，数学很差，但这并不妨碍他们成为某个方面的顶尖人才。后来，我不会奢求每个孩子都在我的课堂上表现出色，我会超越数学教师的身份，去发掘他们在其他方面的特长。

第三个阶段，超越课堂。再后来，我又发现有些孩子在课堂上目光呆滞、毫无生机，但是在课堂之外却神气活现、灵感十足。还有一些所谓的“学渣”，情商高、人品好，会经营人际关系，在与同伴交往时游刃有余。我工作十多年之后，早年教的孩子进入职场，发展各有不同。有些当年很被看好的学霸，能胜任技术工作，做管理却很糟糕。有些学业一般的孩子，工作表现出色。有一个在职场大放异彩的孩子上学时特别调皮，一度让我焦头烂额。于是，我不再简单地用学习成绩来衡量孩子，而是思考孩子具备哪些特质，如何发掘孩子的特质，让其更能适应未来的社会。

第四个阶段，看淡成功。有的人为名为利，拼命往高处攀爬。然而，何处是尽头？眼看他起高楼，眼看他楼塌了，这样的例子比比皆是。我最近认识的几位朋友非常厉害，都是“大隐隐于市”，低调淡泊，静以修身，俭以养德。其中一位朋友说，他觉得奋斗了这么多年，幸福感不升反降，想想还不如做一个平凡的普通人。“白日不到处，青春恰自来。苔花如米小，也学牡丹开。”我们以为自己了不起，在更厉害的人眼里，我们可能跟苔花一样。

第五个阶段，看清世事。坦然面对生活，接受命运的安排，时常怀着感恩的心：“我来自偶然，像一颗尘土。花开花落，我一样会珍惜。”当年李煜写出“梦里不知身是客，一晌贪欢”，人生一场，恍然如梦。大文豪苏轼因“乌台诗案”被贬黄州时，第四个儿子出生，取名苏遁。苏遁满月时，亲朋来贺。家人按照风俗给苏遁洗身时，苏轼作了一首《洗儿戏作》：

人皆养子望聪明，我被聪明误一生。
惟愿孩儿愚且鲁，无灾无难到公卿。

这个孩子后来怎么样了呢？很可惜，一岁就夭折了。无灾无难都只是苏轼的一种奢望。

当我经历了这五个阶段之后，再想起一位定居在香港的大学同学提及学霸型家长的教育困境，更加确定教育不是可不可以打孩子的技术问题，而是家长的认知问题。

这位大学同学曾发表了一番人生感悟，其中有一段尤其精彩，我分享给大家。

为什么好多学霸型家长教育自己孩子的时候很焦虑？因为孩子的教育问题本质上还是学霸自己的问题。学霸小的时候，学习成绩很好，大家都称赞他。家长觉得有荣光，老师也哄着他。工作之后，学霸因为脑子比较好使，取得了一点儿成绩，领导赏识他，同事恭维他。即便学霸骨子里自高自大，对别人颇多指责，大家也都忍让他。

后来学霸成了家，找了伴侣，因为学历高、工作好，可能还是家里的顶梁柱，所以另一半即便觉得他有这样那样的缺点，也还是包容他。

直到有了孩子。别人都让着他，孩子可不会让他。而且，更重要的是，学霸所有的缺点，都暴露在孩子面前。在孩子面前，他无所遁形。之前别人对他过于包容，导致他的自我认知出现严重偏差。他的孩子，其实是上天派来拯救他的。

我至今依然记得十多年前的一件往事。一个早熟的女孩儿在日记里偶然写下的一句话给我带来重磅炸弹般的震撼冲击。

她的父母皆是成功人士，受人尊重。她的妈妈在学校家委会身居要职，给全体家长做过育儿讲座。女孩儿小时候是家族的骄傲，是其他人口中“别人家的孩子”。但是随着女孩儿慢慢长大，她的父母开始觉得力不从心。在女孩儿进入青春期后，家长发现自己在外面所向披靡，在家里教育女儿时却一败涂地。

女孩儿在日记里写的那句话是：“我爸妈生出我这样的女儿，算他们倒霉。”

孩子是家长的一面镜子，孩子有问题，家长首先要做的不是责骂孩子，而是反省自己。孩子可不可以打并不重要，重要的是，家长是否找到了与孩子正确沟通的方式。

（2019年10月）

教育的有用与无用

我经常会有一些胡思乱想。比如，现在的科技文明会不会最终把人类引向毁灭？再比如，一些我们认为很优秀的课程，对学生未来的发展是否真的有益？

2016 年，平和举办 20 周年校庆时，一位校友来找我。他于 2011 年高中毕业，距今也只有五年，他的年龄也就是二十三四岁。他竟然跟我说："校长，我想在咱们学校设立一个奖学金。"我当时很惊讶，很好奇他从哪里挣来那么多钱。

他告诉我，他在英国读的本科，花了 200 万人民币。但是，在毕业的时候，他的银行账户里有 300 万。于是，他把其中的 200 万还给父母，还有 100 万的结余。我问他："你是怎么赚到这 300 万的？"他说，他天生就喜欢瞎琢磨，当然琢磨比较多的是赚钱。有一次他去酒吧，发现英国酒吧里的音响特别贵，跟国内同样品质的音响相比，价格至少贵三倍。后来，他利用寒假回国的时间到深圳的一家音响厂买了一套音响带回英国。他问英国的酒吧老板愿不愿意买这套音响，老板同意买。于是，他做成了第一笔生意，赚了第一桶金。后来，他又发现英国的中国留学生很多，并且他们都很喜欢玩儿，而他的大学在英国的一座小城，娱乐场所很少。中国学生很喜欢唱卡拉 OK，可是那里没有这样的场所。他觉得这是个机会，就去租了一个店面，简单地装修了一下，开了第一家专门针对中国留学生的卡拉 OK 厅。这家店在城南，生意特别好，不久他又到城北开了一家。后来，很多英国其他城市的中国留学生来找他，说他们也想开这样的店，就这样他在英国开了很多家连锁店。到毕业的时候，他不想留在英国，就把店铺都转让了，拿到了300万。我真的很佩服他。

这个孩子刚见到我时，说："万校长，您还记得我吗？我很感激您。我在平和高中部读书时整天游荡。有一次我一不小心，从高中部游荡到校长办公室。那天不知道怎么回事，我的头发有点儿长，校服穿得也不整齐，正好被您看到了。我当时不知道您是谁，跟您顶撞，结果被带进校长办公室。当我意识到您是校长时，觉得自己完了，可是没想到您并没有批评我。您先忙了一会儿，后来就只跟我说，如果天气冷的话，在校服里面穿件毛衣，然后就让我走了。"我对这件事一点儿印象也没有了。实际上，那时我还是校长助理，并不分管高中，脾气也有些暴躁。我真的很庆幸，当时我没有对他发火。

后来，这个孩子又到美国去读了研究生。再见到我的时候，他已经从美国学成归来，有了三家公司，有教育领域的，也有娱乐业的。我想，这可不是一般的厉害。

我一直在思考这个案例。这个孩子无疑是同龄人中的佼佼者。他在平和度过了三年，这三年中平和到底给了他什么？他今天的成就中，有多少是平和给他的？思来想去，我觉得可能平和允许他在学校里到处游荡，是给他最大的财富。他亲口告诉我，他读初中时学校是不允许他游荡的，老师一看见他游荡就会批评他。有时老师看见他在打球，会问他为什么要打球。他说他的作业做好了。老师会说作业做好了，还可以做点儿其他的题。但在平和，只要他把自己的事情做完了，就可以做任何自己喜欢的事。

这个案例还让我想起我曾经看过的一篇文章。一个记者对大学毕业十年以上的职场人士做调查，问他们在学生时代做过的最后悔的一件事是什么。调查结果竟然是：大学期间，他们没有好好上一些当时认为没用的课程。进入社会后他们才发现，上大学时以为很空、很没有用的东西，结果却很有用、很珍贵；而那些当时认为有用的课程，离开学校后反而是没有什么用的。

我还看到过一篇观点可能有点儿偏激的文章，这篇文章评价我们现在花很多力气做的很多课程与教育的目的南辕北辙。这篇文章认为，学习本来是人的一种天性，就如同牛会吃草、婴儿会吸吮一样，不用教就会。但是，我们现在的学校教育是什么样的呢？首先，我们把一群牛牵到草地上排好队形。其次，我们有时还要研究，队形是秧田式好呢，还是圆桌式好？最后，我们教这些牛吃草的步骤。第一步，把嘴张开，要张多少度，多一点儿少一点儿都不行。第二步，再把头低下来。有些牛喜欢站着吃，有些牛喜欢坐着吃。不行，要找一头牛做示范，这头牛的吃法，叫作标准答案。结果，本来很喜欢学习的孩子，最后不会学习，不愿意学习，厌学了。我经常思考，我们教育者是不是真正了解学习的本质？我们的课程是在教孩子学习，还是在摧毁孩子的学习兴趣与学习能力？

大家期望我谈谈“如何缓解择校焦虑”，我最后呼应一下这个主题。

我看过一篇很有意思的文章。文章的作者说，他的亲戚里面，有两户人家娶了儿媳妇。这两位儿媳妇有三个共同的特点：一是好吃懒做，二是管老公管得很紧，三是对公公婆婆不太关心。但是，第一户人家鸡犬不宁，婆媳关系恶劣，几乎要打起来了；第二户人家却非常和谐融洽。为什么有这么大的差距呢？作者说原因只有一个：第一户人家的婆婆对儿媳妇是有期望的，第二户人家的婆婆对儿媳妇是没有期望的。

这其实很像我们今天很多家长的焦虑心态。我们的焦虑来自哪里？来自我们对子女的期望。我们希望子女沿着我们给他们设计的方向走，每一步都要达到我们设定的目标。但是各位，今天我看到我身边很多人到了二十岁、三十岁乃至四十岁，突然间意识到父母以往给他设计的那条路不是他真正想要走的路。对此，其中大多数人已经没有力气反抗了；但是也有一些人，鼓起勇气挣脱出来，做自己真正想要做的事。

现在，我经常对一些焦虑的家长说："你们对孩子的期望，有可能是对的，是孩子将来能接受的；但也有可能是不对的，是孩子不能接受的。"我们在为子女做选择的时候，需要降低期望值，回归初心。这不仅是家长需要警醒的，也是学校教育者需要警醒的。

（*2016* 年 *12* 月）

如何提升孩子的见识

家长养育孩子的目的是什么？无非是希望孩子健康成长，长大之后能独立生活。家长不一定指望孩子给自己养老，但一定希望孩子能独立地面对这个世界。而孩子成长的过程，就是逐渐变得成熟的过程。

一、何谓成熟

那么，成熟是什么？

有人说，成熟是经历。经历丰富了，人自然就成熟了。古人提倡“读万卷书，行万里路”，直接经验靠“行万里路”，间接经验靠“读万卷书”，既有广度又有深度。教育界现在很提倡研学旅行，这就是将读书与行走结合起来。我所在的平和有“人文行走”的特色校本课程，很受学生与家长欢迎。今天，包括作家莫言在内的很多人呼吁缩短学制，原因之一就是孩子们的社会经历太少。如果一直读书读到博士，毕业时学生都快三十岁了。古人说“三十而立”，可是如果你连人生经验都很欠缺，你又怎么“立”呢？

也有人说，成熟是磨难。俗语说“穷人的孩子早当家”。为什么？因为穷人的孩子从小经受磨难，而磨难是一所最好的大学，磨难让人成熟。我自己的经验是，遇到挫折与坎坷的确会让人痛苦，但是痛苦意味着成长，意味着自己的短板被触及。当我们经过历练，有了应对这类挫折与坎坷的能力之后，再遇到同样的事情就不会感觉到难、感觉到痛了，自己也就在不知不觉中获得了提升。我曾经跟身边的朋友讲，如果把民族比喻为人，我们这个民族是经受过磨难的。正因为经受过磨难，它才变得坚强，有韧性，且充满力量。

还有人说，成熟就是能接受小概率事件。中国人常说少见多怪，或者说见多不怪。小概率事件通常都是很极端的情况。如果连很极端的情况我们都见过，那么对于日常生活中的各种事件，我们就更容易用平常心去面对，不会大惊小怪。你经历过大喜大悲、大贫大富，便很有可能参透人生秘密，达到心如止水、宠辱不惊的境界。

如果让我来给成熟下一个定义，我会用“见识”这个词，仅从字面意思来理解，那就是“见”和“识”。首先要“见”，经历一些事情；然后是“识”，对这些事情有认识。“见识”的本质就是我们通过经历，产生对这个世界的认知。

二、何谓见识

在古代，曾有人诋毁女性“头发长，见识短”。可是我们忘了那时候对女性的约束比较多，女性要深藏闺阁之中，不能随便抛头露面，能有高明的见识吗？

家长都不希望自己的孩子是熊孩子。我个人认为熊孩子实际上是认知能力比较差的孩子，也就是没有见识的孩子。孩子的认知能力比较差会有以下表现：一是窝里横，在家里是一条龙，在外面是一条虫；二是认死理，坐井观天，狭隘肤浅，偏执得不得了；三是走极端，动辄离家出走甚至跳楼寻短见。若这类孩子经历过人生中那些美好的事情，对广阔的世界有认知、有珍惜、有留恋，他们绝对不会这么不爱惜自己的生命。

为了加深大家对见识的理解，我再从四个角度深入地谈一谈什么是见识。

第一个角度来自学者张维迎。张维迎前两年有一个影响很大的演讲，叫作“理念的力量”。他说，有人认为“屁股决定脑袋”，但是他认为本质上还是脑袋决定屁股。张维迎是经济学家，然而他说，支配世界的不是人的既得利益，而是思想。他还说，人类历史上的很多变革，不是一种利益战胜另一种利益，而是一种思想和主义战胜另一种思想和主义，或者新的理念战胜了旧的理念。所以，我觉得也可以这样说，人类发展的历史，也就是思想和理念不断提升的历史。张维迎提到人类有一个弱点，就是看近处的东西比远处的大。因此，人要学会理性思考。除了工具理性，更重要的是目标理性。我想起美国斯坦福大学曾经做过一个有名的有关“延迟满足”的心理实验，那些能够克制自己当下欲望的孩子长大之后往往能够取得更大的成就。中国人比较注重训练孩子从小立志，这也是在培养孩子的目标理性。理性的力量就是见识的力量。

第二个角度来自企业家傅盛。傅盛的“认知三部曲”在企业管理界广为流传。傅盛说，人有四种认知状态：不知道自己不知道，知道自己不知道，知道自己知道，不知道自己知道。人与人的根本区别就是这四种认知状态的区别。我们每天都在做很多决定，决定乃是基于判断，判断的本质就是人对事物的认知。所谓人的成长，就是人的认知升级。最可怕的是我们不知道自己不知道，而我们身边很多人都处于这个阶段。傅盛还提到管理的本质是认知管理。有的人做事，在战术上勤奋，战略上懒惰，结果常常事与愿违。归根结底，还是他们的认知（见识）需要提升。

第三个角度来自梁漱溟。梁漱溟先生说，人一生中要处理三种关系：人与物的关系、人与人的关系、人与自己的关系。这三种关系必须依次处理，不得颠倒。我想，家长与教师对这一点应该有直观的认知。孩子小的时候好奇心很强，问的大多是知识性的问题，主要涉及对大自然的认知，乃是解决人与物的关系问题；等逐渐长大，进入青春期，人际交往成了头等大事，孩子常常为人与人的关系问题所困扰；及至十八岁成年，要独自面对世界，成家立业，孩子不可避免地要思考人与自己的关系问题。从认知的角度来理解，孩子的成长过程就是依次明确对世界的认知、对他人的认知以及对自己的认知的过程。我们谈一个人的见识，最终还是要落在自我认知上。教育的目标是挑战自我、实现自我、超越自我。人与自己的关系可谓是人生的终极问题。

第四个角度来自电影《一代宗师》。这部电影中有一句经典台词："见自己，见天地，见众生。"这三重境界不太好理解，可以说见仁见智。我觉得，按照梁漱溟的观点，这三重境界其实是到了人要处理与自己的关系时产生的，并且还是一个循环的过程。一个人练武，好不容易终于练成，将师傅的本领学到手了，对自己充满信心，这叫见自己；下山走江湖，才知天外有天，人外有人，这叫见天地；而经历前面两个过程之后，知道了人间疾苦，无人能够逃脱人生的宿命，这叫见众生。见众生才能更好地见自己，于是进入下一个循环。我对照自己的心路历程，从二十多年前一个人来到上海，到今天，我在恍恍惚惚中就是经历了这样一个见自己、见天地、见众生的过程。

三、如何提升孩子的见识

那么，我们如何才能提升孩子的见识？我觉得有以下几条路径。

1.“千里之行，始于足下”

第一条路径是行，行走的行，践行的行。“千里之行，始于足下”，孩子多出去走一走，既能开阔眼界，又能增长见识、开阔心胸。我们这代人小时候能出国的很少。平和刚刚创办时，有一位学生问我：“老师，你最喜欢哪个国家？”我说：“我最喜欢咱们的祖国。”那个孩子才读六年级，家长已经利用寒暑假带他游历过二十多个国家了。我接触过的很多孩子比我们这代人更自信，更有民族自豪感。上海的城市面貌已焕然一新，机场、高铁等硬件设施也已达到世界一流水平。孩子们游历过其他国家之后有了比较，民族自信心与自豪感油然而生。

行，要讲究方法。我们要明白同样是旅行，有些收获大，有些收获小，所以我们要选择最有价值的旅行。哈佛大学历史上第一位女校长德鲁·吉尔平·福斯特（Drew Gilpin Faust）在一次演讲中说，她每年都会带着孩子去一个陌生的地方。然而，她是用一种学习的方式去旅行。每一次旅行前，她和家人都会用一周的时间去学习，包括目的地国家的语言、文化以及摄影技巧。在旅行过程中，她会和孩子们一起品尝当地的特色食物，熟悉各种交通路线与公共标志，体验与陌生人的相处，适应各种气候状况，甚至去感受弥漫在空气中的不同味道。而且，她每天都会和孩子们讨论，这个国家和之前去过的国家哪里不一样？为什么不一样？这个国家哪里好，哪里不好？孩子们的见识就在这样的旅行学习中不断得到提升。

平和的一位高中毕业生 H 被美国芝加哥大学录取。H 成绩优异，最大的特点是有思想。他对哲学、历史学、社会学很感兴趣，尤其对马克思主义很有研究。他喜欢旅游，但不是我们大多数人所理解的那种旅游，我称之为游历。我们可以看一看他某个暑假的行程记录：

旅行 60 天，去了 10 个省级行政区，行程 35000 公里。

一共坐了 350 多个小时火车，全程硬座（除沪九直通车外），最远的是从吐鲁番回上海。

去过的地方包括黑龙江省佳木斯市抚远市的黑瞎子岛、广东省湛江市徐闻县的灯楼角、新疆维吾尔自治区乌恰县的伊尔克什坦口岸、黑龙江省大兴安岭地区漠河市的乌苏里浅滩。

他有这样的经历，这样的见识，连我这个做校长的都钦佩他。

除了旅行之外，日常生活中的点滴都能提升人的见识。很多人认同一句话："女儿要富养。"富养的本质是让女孩子多一点儿见识，以便女孩子将来择偶时做出更理性的选择。我很佩服平和的一位家长。这位父亲在女儿高中毕业即将去留学的那个暑假，带着女儿把上海的各个高档场所体验了一遍。他的女儿端庄典雅、稳重大方。很多人不理解他的做法，我却觉得这位父亲与众不同。女儿即将奔赴外面的世界，将来可能会经历异国文化和恋爱的冲击，父亲增加女儿的见识，这是真正爱女儿的表现哪！

上海是一座国际化大都市。如果我们的孩子一直在优越的环境中长大，很可能成为"优秀的绵羊"。因此，在成长的过程中，如果有机会让他们体验同一片蓝天下不同人群的真实生活、不同职业的工作方式，并且与不同类型的人交往，这对孩子的未来发展将会有无穷裨益。

在上大学读书前，我曾经军训了一年。当时有同学对军训感到懊恼，觉得被耽误了一年。现在回想起来，很多同学都很庆幸能有那一年的经历，因为相当于我们当了一年兵。那一年学习的军事知识以及接受的各种严酷训练对我的体能以及意志的增强和磨炼，让我受用终身。

2. 读万卷书，如有神助

第二条路径是读，广泛阅读，读书、读事、读史、读人。阅读可以极大地开拓我们的视野和认知。因为，一方面，亲身体验固然好，但人生毕竟短暂，同时也受各种条件所限，有太多事情我们还是无法亲身去经历的；另一方面，人类的文明世代传承，通过阅读获得先人在长期实践中积累的知识，站在巨人的肩膀上，我们才能站得更高、看得更远。

阅读的内容与方式因人而异。读者对文字都有要求，有些作者可能有思想，但文笔太差，写出来的东西读者读不下去。好的文字是有味道的。有一年我读一篇文章，竟然在文字里读出了昆曲的韵味，后来才知道作者是一名苏州女孩儿，喜欢昆曲，大学上的中文系。那位作者的文字功夫相当了得。我在学生时代算是文艺青年，喜欢读文学作品，现当代小说读得很多。读小说最大的好处就是可以了解不同地方的风土人情、不同职业的酸甜苦辣。例如，读沈从文的《边城》，能够了解20世纪30年代湘西的小镇生活；读陈忠实的《白鹿原》，能够一窥关中地区渭河平原20世纪上半叶的变迁史；读姜戎的《狼图腾》，能够感知20世纪六七十年代的知青岁月与草原生活。工作之后，我读得多的反而是中国哲学经典、人物传记，尤其爱读历史。说历史是一面镜子一点儿也不为过，我们今天碰到的很多困难，跟古人的困难相比根本不算什么。

平和高中部的学生W现在读高三，特别喜欢读书。他有一个习惯：将读过的书列成清单。高一、高二两年时间里，他读了116本书。按一年48周，两年96周计算，在高中课业繁重的情况下，他平均每周至少读一本书。其中，还有不少书是大部头的英文原著。他站在你面前时，你会觉得他非常有学术气质。所以，这个孩子很厉害。

平均每周读一本书，这是犹太人的平均阅读量。大家想想看，这个民族该有多厉害，难怪他们以世界 0.2% 左右的人口数贡献了 20% 以上的诺贝尔奖得主。

上面谈的是读书的量，再来说一说读书的质。很多人苦恼学过的东西会忘记，其实这是大脑的规律性特征。根据艾宾浩斯遗忘曲线，学过的东西如果不加以复习，一个月后基本都会忘记。因此，有人提出，读书时理解比记忆更重要。也有人强调记忆，例如一些国学老师强调在背诵一些经典文本时，就算不理解文义也要将文本倒背如流。我个人认为，大多数时候我们还是要用理解的方式去读书，把一本书从厚读到薄。

我总结了很多学者的读书经验，有几条读书建议。第一，要泛读，更要精读。尤其是一些经典作品，常读常新，读十几遍二十几遍都有必要。第二，读书的同时也要动笔、动口。动笔是指做读书笔记，摘录的原文也好，自己的思考也好，都要记下来。动口是指可以朗读有些篇章，读完之后要找人讨论，与人交流读书心得，或者干脆主动向别人介绍这本书。第三，带着困惑和问题读书。脑子里有疑问时，要立即从各种书中寻找答案，这样读书会更精准、更高效，可以在短时间内读到很多有价值的东西。

以上三点建议同时指向一个要素——建立连接，即通过书，在自己与作者之间建立连接。我认识一位高人，他读书时，常常琢磨作者的弦外之音：作者究竟想表达什么？又是怎么表达的？一旦参透其中的奥秘，读书的乐趣就陡然倍增。

书籍是一座宝藏，我们今天所面临的许多心灵上的困扰都可以从书籍中找到答案。在一次中层会议上，我曾说过一段话，大意是我们在工作中确实会碰到很多困难，如果没有困难，或者这份工作轻轻松松就能完成，那这份工作也就没什么意义。如果我们去读有关战争史的书籍就会明白，跟战士们在战争中面临的凶险相比，我们现在面临的那点儿困难不值一提。你只有一个营，上级命令你必须坚守阵地三天三夜，把敌人一个师的部队阻挡住。你怎么办？坚决完成任务！人在阵地在！即便你没有当过兵，书读多了，豪气也就生出来了。

3. 善于思考，善于创造

第三条途径是思，我着重谈中国学生比较缺乏的审辩式思维。审辩式思维的英文是 critical thinking，常被人翻译为批判性思维。也有人说“批判性思维”这个译名不好，因为“批判”不是一个中性词。那么审辩式思维是什么？郑腾飞老师在一篇谈培养儿童的科学精神的文章中说：“（审辩式思维）就是对待一切结论，不管是出自权威，还是出自至亲，永远抱着怀疑的、要去找事实依据的和可能存在的漏洞的态度。”

围棋选手下完棋之后会复盘，这可以理解为一种审辩式思维，是棋手对当时为什么将某一枚棋子下在这里而不是那里的思考过程的再思考。我认为审辩式思维背后需要有好奇心做支撑，凡是具有审辩式思维的人，一定有强烈的好奇心。对于别人习以为常、不以为意的观点，他们常常会有所追问。他们有自己独立的思维。

在碰到让我疑惑的问题时，我会尝试对思考的角度、高度与维度进行调整，这样得出的结论会客观一些。

角度很好理解，我们习惯于站在自己的角度思考问题，若我们能跳出自己的角度，尝试站在别人的角度或者中立者的角度，抛开感情因素看待问题，也许就会旁观者清。看历史也是一样，站在诸葛亮的角度与站在司马懿的角度，写出来的三国史完全不同。任何一件事情，尝试从至少三个不同的角度去看，你的见识一定会与众不同。

高度是一种格局，它取决于一个人的胸怀、目标、自控力。有的人为一点儿小事耿耿于怀，为一个小挫折而愁容满面，归根结底还是高度不够，视野太窄。我小时候喜欢下象棋，下棋比拼的是计算力，若你能算三步，人家能算十步，你肯定下不过人家。如果把人生比喻成棋局，格局便是一种计算力。

维度就厉害了。前几年流行一个词“降维打击”，出自科幻小说《三体Ⅲ：死神永生》。这是一种极其厉害的攻击手段，把一个人从三维降为两维，变成一幅画，这个人就被消灭了。反过来，一个人思考问题时如果能够升维，那就更厉害了。例如，在一个小系统内无解的大问题，加一个维度便成为一个大系统内的小问题；从大系统内来看，这个问题可能根本不是问题，甚至不是弱点而变成了优点。再比如，加一个时间的维度，我们就能理解沧海桑田、祸福相倚的道理。

前面提到的那位行万里路的H同学，就是一位很有审辩式思维的学生。在一些学校管理者眼中，他可能会制造管理上的麻烦，我却很欣赏他。他申请大学的文书写的主要内容是“如何与学校谈判，改变宿舍电脑管理制度”。微信公众号“爸爸真棒”在一篇采访H的文章里描述过这件事。

平和有寄宿制度。学校规定，如果学生要用电脑，要先填电脑单，这张单子还需要科目老师签字，证明学生确实有相关科目的作业，需要带电脑回宿舍。如果作业多，学生就需要每天找老师签字。如果学生没开电脑单就把电脑带回宿舍，就算违纪，宿舍管理员会给学生开违纪单。同时，这个违纪行为还会被报到学部去，学部会对违纪的学生再开一张违纪单。

H觉得这个制度很不合理，执行起来非常麻烦，而且一旦违纪，学生相当于被一罪两罚。管理部门过多，应该有优化的可能。

当时他想解决方案想了很久。他征求过老师的意见，也通过学生微信平台征求过高中部同学的意见。

最后，H 发了封邮件给生活部老师，没想到生活部老师的态度很开明，欢迎他去谈谈，H 就和生活部老师展开了“谈判”。

生活部老师认为，管理电脑的主要原因是怕学生自控能力不够，用电脑做和学习无关的事情。H 则认为，这项电脑管理制度的问题在于没有可持续性。现在老师可以管，等学生上了大学，谁来管呢？不如现在放开一点儿，让学生学会自我管理才是关键。他又介绍了其他学校类似的制度，并说明了目前这项制度在具体实施时的不合理之处。

在这次开诚布公的“谈判”之后，高中部新的电脑管理制度出来了，学生每周只要交一次电脑单即可，并且不需要老师签字。在他的几番努力下，这项制度竟真的被打破了。

未来社会更需要创新型人才，审辩式思维是创新能力的重要基础。钱颖一教授在过去几年反复呼吁要培养学生的创新能力。他曾提出一个公式——“创造力等于知识乘以好奇心和想象力。”后来，他把“好奇心和想象力”又提炼为一个词，叫心智模式。于是，公式变成：“创造力等于知识乘以心智模式。”钱颖一教授说，心智模式是创造力最重要的来源，除此之外，创新的动机也值得深究。他认为，创新的动机有三种，分别是短期功利主义、长期功利主义以及内在价值的非功利主义，后面一个都比前面一个有更高的追求。钱颖一教授的见识果然不同凡响。

辛弃疾在《南乡子·登京口北固亭有怀》中写道：“天下英雄谁敌手？曹刘。生子当如孙仲谋。”“生子当如孙仲谋”是当年曹操说的话，是曹操对孙权的高度赞赏。曹操率兵二十余万一路南下，最后惨败于赤壁，主要败给了孙权统领的东吴。辛弃疾作这首词乃是感叹他所处的时代没有孙权这样的人才。如果你的孩子将来也能被像曹操或是辛弃疾这样的英雄人物大加赞赏，那说明你的养育很成功，你的孩子是家族的荣耀。

两年前，我们家收养了一只流浪猫。这只猫在我们家养尊处优，吃高级猫粮，定期体检打针，养得膘肥体壮。有一天我经过菜市场时突发奇想，买了两条河鲫鱼，带回家放到水槽里。我给水槽注满水，两条鱼欢快地游来游去。说实话，我是觉得我们家的猫太无聊，那两条鱼是买给它玩儿的。可我万万没想到，我们家的猫根本就不敢靠近那两条鱼。我不耐烦了，把猫抱到水槽边，正值一条鱼尾巴一扫，激起几滴水花，我们家的猫惊恐万状，夺路而逃，在我的手臂上留下两道血痕。

那一刻，我震惊了！我忍住手臂上隐隐的痛，坐在沙发上想了很久。论养育这只猫，我是很失败的。我的见识水平决定了这只猫的见识水平。我要反思：为什么我养的猫看似威风凛凛，实则不堪一击？为什么我养的猫竟然会怕鱼？

（2017 年 10 月）

好的教育是不浪费孩子的天赋

“好的教育是不浪费孩子的天赋”，这是我这次演讲的主题。我将尝试从如何看待天赋开始讲起，谈一谈家长在养育孩子的过程中所需掌握的几大原则。

一、天赋

关于天赋，我想告诉大家这样几个观点。

第一，人比人，气死人。我们可能不愿承认，但人与人的天赋确实有差距。普通人跟学霸比有差距，学霸和爱因斯坦这样的天才比，差距更大。这个世界上的确有天才存在，但大部分人都是普通人。

第二，“天生我材必有用”。每一个人总有其超出一般人的地方，美国教育心理学家霍华德·加德纳（Howard Gardner）提出的多元智能理论认为，人有八种智能，我们通常所说的智商主要指逻辑数理智能。我认为，在基础教育阶段，逻辑数理智能十分重要。进入社会后，人的各种智能应该百花齐放。一个人可能逻辑数理智能很差，但是视觉空间智能与人际交往智能很好，依靠这个长处，他同样能获得成功。

第三，勤奋与天赋同样重要。一个天赋很高的人若不努力，天赋会被浪费。如同龟兔赛跑，兔子打盹了，乌龟就有机会；若是兔子不打盹，乌龟毫无取胜的可能。同样天赋的两个人，比拼的是努力；同样努力的两个人，比拼的就是天赋。

第四，因材施教。有天赋的学生需要不同的教育。现代教育制度的教学内容与教学进度是基于学生的平均水平而设计的。天赋超群的孩子应该学习更多不同的东西。中国的少年班和国外的天才项目（Gifted Program），皆是针对有天赋的孩子设计的。但是，把没有天赋的孩子送进这种班就是拔苗助长，对其健康成长反而有害。

第五，评价多元化。爱因斯坦曾说过，每个人都是天才。可是如果用爬树来评估一条鱼的能力，那么鱼一生都会觉得自己很愚蠢。在多元评价方面，我们需要付出更多的努力。

二、认识自己

好的教育如何做到不浪费孩子的天赋？我认为，首先要帮助孩子认识自己。我们应从以下几个方面努力。

第一，学习方式。在一次演讲中，我谈到阅读的重要性，有一位妈妈举手提问，说她年幼的儿子不太能够坐下来看书，但是很喜欢听故事，她问我如何让儿子养成阅读的习惯。我告诉她，每个人都有不同的学习方式。例如，一个较为经典且知名的测试 VAK（Visual Auditory Kinesthetic）把人的学习方式分为三种：视觉型、听觉型和动觉型。我教过的学生中，有些喜欢听教师讲，而另一些则宁愿自己看书。2012 年，我在美国学习考察时听一位美国中学校长做报告，他在短短几年的时间内大幅提高了一所教学力量薄弱的学校的学生学业水平。他开发了一套有声学习系统，把学习材料转化为有声读物，让学生通过听的方式来学习。这个方法很简单，听起来不可思议。但仅仅是在视觉型教学法的基础上增加了听觉型教学法，效果就如此明显。

不同性格的人喜欢不同的学习方式。美国学者曾经做过一个研究，发现小组讨论的教学方式对外向的人更有效。内向的人不喜欢参与讨论，更喜欢自己一个人静静地思考。人群中外向的人多还是内向的人多？答案是内向的人略多一些。因此，很难说秧田式的排座法以及教师一讲到底的授课风格就绝对不好。当然，内向与外向仅仅是人的外在表现，但这至少说明倾听与表达同样重要。

一项任务布置下去，有些人总是毫不拖延，立即行动，比截止日期提前很多时间完成。而另一些人则有拖延症，一项任务要求十天完成，前几天他们毫无动作，到最后一天才开始行动，完成任务交差。传统观点认为拖延症不好，最新观点认为有适度拖延症的人也许更有创造力。那些第一时间就完成任务的人，相对平庸，中规中矩，缺乏创造力。适度拖延的人也许能交出令人耳目一新或眼前一亮的作品。

我自己也有一点儿小小的拖延症。如果有一篇稿子要完成，除非第二天要交，否则，我总是迟迟不愿动笔。我自身的性格相对低调，不愿张扬，虽做不到喜怒不形于色，但给人的感觉是含蓄内敛的。我身边的一些同事就非常直爽，行事粗线条，我还挺喜欢与这种性格的人相处。

第二，价值观。有时候，我们明明擅长一件事，却选择不去做，这可能是我们的价值观在起作用。例如，一位学生放弃参加学生会竞选，是因为她的好朋友也参加了竞选，并且非常渴望能竞选成功，她不愿和好友竞争便放弃了。相对于竞选成功，这位学生认为友情更重要。如果家里有处于青春期的逆反的孩子，家长便会深切感受到价值观的碰撞，最明智的做法是避免跟孩子产生直接冲突。否则，孩子为了显示自己的独立意志，往往会选择跟父母正确的建议对着干。

在职业生涯初期，我曾经考取奥数教练的证书，挺喜欢教孩子做很难的数学题。但很快我就放弃了，因为我有更高的追求——我不希望自己只是一位学科教师，而更希望成为一位全面的教育工作者。后来，我全身心投入班主任工作，写出了《班主任兵法》等书，并走上教育管理岗位。我们常常说，性格决定命运。一个人的性格背后，还隐含着他的价值观。价值观帮我们做了一个又一个人生选择。

价值观与信念层面的东西，隐藏于冰山之下的深处。我们可能知道自己喜欢什么，但是我们不知道自己究竟害怕什么、恐惧什么，需要静下心来和自己对话，通过表象深入内心，才能有细微的察觉。

第三，目标与定位。平和的一位高三学生请我写一封推荐信，他的故事让我印象深刻。上高一时，他还是一名理科生，对物理尤其感兴趣，说未来想做一名物理学家。后来他偶然参加了一个哲学社团，一下子爱上了哲学。于是，上高二时，他选了哲学课，还和同学一起组成了一个哲学读书小组，每天在一起讨论哲学问题。在短短不到两年的时间里，他便已对哲学有较高的造诣，即便与哲学博士在一起讨论，都聊得很投机。我问他未来有什么打算，他说会从事哲学方面的学术研究以及教学工作。

在学生时代就明确自己人生目标的人并不是很多。很多人在读书时，往往把自己归为好学生或中等生。但一旦他们离开校园走上社会，便会发现学校里的评判标准已成过去式，就很容易陷入迷茫。有的人到了三十岁，连自己是否适合当下的工作都不知道，到了四十岁，突然发现自己的人生彻底失去了方向。

人活一世，总要解决一个最基本的问题，即自己为什么要活着。许多人终其一生，浑浑噩噩，从未认真思考过这个问题。知道自己来自哪里，属于哪里，是最幸福不过的事情。中国人强调从小立志，也是基于此。

我向各位家长推荐一个可以帮助孩子更好地认识自己的方法。这个方法是美国“现代管理学之父”彼得·德鲁克（Peter Drucker）提出的，称为“回馈分析法”（feedback analysis），即每当采取重要行动或做出重要决定时，都详细记录下对结果的预期，等事情过了，再加以比较。预期与结果之间通常有差距，深入剖析其原因，我们对自己便会有不一样的认识。

人性很复杂，认识自己很难。认识自己有两种方式：一种是向内看，看到真实的自己；另一种是向外看，看到别人眼中的自己。归根结底还是向内看，了解别人眼中的自己，也是为了看到真实的自己。

古希腊奥林匹斯山上的德尔斐神殿有一块碑，上书：认识你自己。苏格拉底将其作为自己哲学原则的宣言，他常说的一句话是：我除了知道我的无知这个事实外，一无所知。

三、长处与短处

在社会上，每一个人都靠长处立足。如果一个人从事不擅长的工作，将很难成功，也不会有什么成就感。遗憾的是，很多人并不清楚自己的长处究竟是什么，尤其是那些学业普通的学生。如果我们评价一个人的维度单一，并且对所有人都用同一个标准，那么大部分人都不会真正发现自己的长处所在。

短处就不同了。相比长处，短处更容易被认知，当一个人感觉遇到了挑战，那就是他的短板被触碰到了。有时候，困难或者挑战并不是那么大，一个人却始终迈不过去，暴露的便是绝对意义上的短板。

我们应学会扬长避短，但前提是我们真正了解自己的长处与短处。

小时候，我曾幻想自己是全能英雄，后来意识到不可能。一个人的长处即便是天赋所在，也需要后天不断练习。而短处实实在在存在，它不是我们的兴趣所在，我们也少有练习，如果我们在日常生活和工作中刻意回避，短板只会越来越短。

长处和短处给我们带来的后果通常是：成于长，毁于短。

平和的许多家长是“70后”。当年“70后”考取大学的比例很低，因此，能够考上大学的人，读书考试都有过人之处。因为有这些过人之处，这些家长的命运得以改变。回过头来，他们感恩时代，也庆幸自己的长处被时代选中。

我曾经在一次演讲中说，机遇无所不在，只不过，机遇会主动选择具有某些特质的人，这是我们得以被长处所成就的本质原因。所有成功都有偶然因素，我们无须沾沾自喜、洋洋自得。我们的成功并非理所当然，同样，他人的失败也可能是因为时运不济。

然而，有一种失败却是宿命，那就是由我们的短处所导致的失败。美国学者劳伦斯·J. 彼得（Laurence J. Peter）提出的彼得原理认为，每一个人都会被提升至他最终无法胜任的职位。我们因长处而进步，因短处而停止。更有一些人，因一些看似偶然实则必然的疏忽而导致不可挽回的后果，如同人终有一死一样，我们的短处让我们终究失败。

另一个后果初看不合常理，其实也不鲜见，那就是：毁于长，成于短。

大家都知道杨修的故事，他因为听到曹操发出的夜间口令为“鸡肋”，便自以为猜出了曹操的心事，告诉军士收拾行装，准备撤退。曹操得知后大怒，以动摇军心为由，斩了杨修。杨修聪明反被聪明误，他知道曹操进退两难，有退兵之意；但他不知道，因为他之前的一些自作聪明之举，曹操已对他心生不满，他已经处于危险的境地。这就是毁于长。

有的人恃才傲物，因为才华横溢，便横冲直撞。古往今来，怀才不遇者比比皆是，追根溯源，我认为是他们的长处害了他们，使他们不能全面地认识自己。

淹死的人往往善于游泳。中国有句俗语“一俊遮百丑”。如果一个人真的有“百丑”，那还不如不要那个“一俊”，“百丑”也可能是“一俊”的直接后果。西方有一句话，叫作“如果你手里有一把锤子，那么，你眼中看到的都是钉子”。

有人对一些心理有问题的学生做过一个调查，发现教师家庭的孩子比例较高。如果父母是模范教师，掌控力又非常强，孩子的压力就会非常大，孩子要么甘于成为一枚被锤子不断敲打的钉子，要么反抗成功，获得新生。

还有一个现象：幼年丧父的人往往比较坚强，长大之后容易有大成就。这与“穷人的孩子早当家”是一个道理。生命体有代偿效应，双目失明的人听觉和触觉更敏感，行动不便的人反而更能静下心来深入地思考问题。

一个人如果有一个致命的弱点，一生被这个弱点所困，一直感受到痛，有时候反而是一件好事。这个弱点成了他人生的动力来源，摆脱这个弱点带来的困扰成为他的人生目标。在和弱点做斗争的过程中，人获得了成长。

四、刺猬与狐狸

如何不浪费孩子的天赋？我有三条建议。

首先，帮助孩子释放天性，成为自己。

我有一位朋友，他的孩子读一年级。他和太太比较开明，没让孩子在上幼儿园时报课外班。进入小学后，他和太太感觉自己的孩子比其他同学起步晚，学习有点儿吃力。我安慰他，小孩子资质不错，学习能力强，有后劲，一个学期下来适应了就好了。他们家小朋友还有一个特点，对地图特别敏感。他家里客厅的墙上挂了一幅世界地图，小家伙每天都在地图前研究，“指点江山”。一段时间后，他发现孩子竟然把地图上的国家都记住了。他随便问孩子一个国家，孩子都能说出它在什么地方，其首都是什么城市；随便拿出一面国旗，孩子也能认出是哪个国家的国旗。

又过了几个月，我再碰到这位朋友，他说把客厅墙上的地图取了，因为孩子回家后不做作业，总是先研究地图，他们感觉这是浪费时间。我劝告他，赶紧把地图贴回去，换作是我，说不定还要另外再买一个地球仪，供他研究。对孩子来说，这也是一种学习，不但是学习，而且是一种享受。每个人在其感兴趣的领域都可以走得很远，而每个人的自信心、人生乐趣，皆源于此。

平和致力于给孩子创造一个自由、自然的环境，让他们在自己的优势领域得到尽可能的发展。将来，如果孩子在他的优势领域成为前1% 的人物，必有不错的前途。有人可能要问，我们家孩子资质平平，即便在其感兴趣的优势领域，也进不了前 1%，怎么办？没有关系。孩子在自己感兴趣的领域着意练习，进入前 25% 应该是有希望的；再寻找另一个感兴趣的领域，不懈努力，也进入前 25%。这样，将这两个领域复合，同时进入前 25%，那孩子几乎就是前 5% 的人才了。如果找不到另一个领域，根据某些学者的建议，可以选择演讲。一个人有某个领域的特长，又具备很好的演讲能力，就很容易脱颖而出。

其次，引导孩子正视困难，超越自我。

我曾经非常不善于表达。从小到大，我曾尽可能躲避任何登台发言的机会。在大学毕业时，我竟然鬼使神差地选择了做教师。后来，我意识到可能我的潜意识深处有突破自我的强烈意愿，因此在关键时刻我做出了这个选择。教师这个职业需要优秀的表达能力，因此我的讲话能力得到了锻炼。后来我做了管理，不可避免地要发表演讲，因此脱稿讲话的能力也得到了提升。我自己清楚，我并不具备演讲方面的天赋，但朋友们说，我现在的演讲水平超过了大多数人。

如果把一个人看作木桶，长处就是长板，短处就是短板。长板决定上限，短板决定下限。大多数时候，通过努力，我们都可以将短板明显地补长。就好像把一门学科的成绩从 90 分提升到 95 分很难，但是从 10 分提升到 30 分则容易得多。

有不少意志力坚韧的人，硬生生将短板练成长板。很多年以前，平和邀请了一位书法家给学生做演讲，他还当众挥毫泼墨进行创作。这位书法家没有双臂，用嘴巴叼着笔写字。他在很小的时候不幸遭遇电击，失去双臂，他的木桶完全失去了一块板。但现在，他可以用嘴和脚完成正常人能完成的大部分事情，而且练就非常棒的书法。

最后，教会孩子随遇而安，体验不同。

美国耶鲁大学的校长彼得·萨洛维（Peter Salovey）在 2017 年 8 月对新生做的开学演讲中，引用了狐狸与刺猬的故事，鼓励学生“做一只聪明的狐狸”。古希腊有一句谚语：狐狸多机巧，刺猬仅一招。

刺猬的一招就是把自己卷起来。纵然狐狸足智多谋，也无计可施。人的一生选择做刺猬还是做狐狸，是一个难题。我的建议是，既要做刺猬，也要做狐狸。我们要随遇而安，体验不同。

中国人常说“一招鲜，吃遍天”，这是刺猬的思路，也就是要将我们的长处发挥到极致，靠这一招行走天下。然而世界多变，如果一味地选择回避不熟悉的领域，我们的世界就会变得狭隘。作为教育管理者，我常常会碰到无法回避的事情，这时候，学一点儿狐狸的技巧，还是管用的。

平和希望培养具备自主精神的人，自主是古今中外所有好的教育的共同特征。具备自主精神的人，才能勇敢面对这个不断变化的世界，并且及时变换自己的角色与身份，从而成为那个更快的适应者。因此，我们不必纠结于做狐狸还是做刺猬，需要做刺猬的时候就做刺猬，需要做狐狸的时候就做狐狸。当身边都是刺猬的时候，我们可以选择做狐狸，当身边都是狐狸的时候，我们可以选择做刺猬。与众不同让我们脱颖而出，实现人生的价值。

（2017 年 10 月）

我看校园霸凌

一、被校园霸凌的女孩儿

我参加老同学聚会时，当年班里的团支书陶陶跟我聊起了她女儿小雪的教育问题。

陶陶是女强人，因为工作关系，辗转在几个城市待过。女儿上中学后，她终于找到一个机会调回上海。

我见到小雪时，她已经读初二了。包括小学在内，小雪共读过三四所学校。我说，这是难得的人生经历，可遇不可求。陶陶却叹气说，女儿在新学校不适应，虽然交到了新朋友，但遭遇校园霸凌。陶陶三十多岁时才生了这个女儿，自然十分宠爱。陶陶联系过小雪的班主任，学校也出面进行了调解与处理。然而小雪还是不开心，近期情绪十分低落，问陶陶能否帮她转学。

我说，校园霸凌有些复杂，在某些情况下，我们不能简单地做是非判断。维持正义与公平、保护善良与弱小当然重要，问题在于，家长出手之后，孩子如何面对来自同学的压力？

在陶陶的眼中，女儿是无辜的，欺负她的同学是恶霸。但是，在同学的眼中，是非曲直是否真的如此一目了然？凡事都要找到问题的根源。

有一个笑话说古代有一个人被箭射中臂膀，找医生诊治，医生直接将露在臂膀外的箭杆锯掉，就将病人打发走了。陶陶做的其实是同样的事，小雪现在希望转学，说明箭头并没有被取出来。

陶陶沉默了几秒钟，说出一句让我吃惊的话："在之前的几所学校里，小雪都遭遇过霸凌。"

二、从宠物猫身上得到的启示

晚上回到家，我打开门，两只宠物猫已经蹲坐在门口，这两只猫一只叫达尔文，另一只叫家咪。

达尔文是橙色田园猫，七岁，性格暴躁多疑，轻易不让人碰。如果你强行碰他，就得承受他尖牙利爪可能带来的风险。田园猫俗称流浪猫。达尔文大约三个月大的时候，妈妈看到他，一时起心动念，生出母爱，将他捡回家。从此，达尔文过上了锦衣玉食的生活。

家咪的出身就高贵多了，她是一只灰色加菲猫，性格温和，比达尔文年长一岁，我们称呼她为姐姐。姐姐是在达尔文被收养一年之后才加入进来的。加菲猫非天然品种，而是 20 世纪 60 年代由美国短毛猫与波斯猫交配而来。加菲猫的典型特征是头大而圆，毛密而厚，性格平静而温顺。家咪继承了加菲猫家族的许多优点，最大的优点就是黏人。双休日爸爸妈妈[①]在家时，达尔文照例呼呼大睡，家咪则会陪伴在爸爸妈妈身边。爸爸坐在沙发上看书，家咪会无声地走过来，仰头看几秒钟，随即纵身一跃，跃上沙发，找个合适的位置，趴在爸爸身边，一动不动。有时候，家咪的脑袋还要蹭一蹭爸爸的手臂，高兴的时候，还会四脚朝天打滚。

两只猫进家门不久，妈妈就听从建议，给他们做了绝育手术。

大部分时候，他们能够和平相处。猫的生活很简单，吃饱了睡，

---

①"爸爸妈妈"指作者及其夫人。——编者注

睡醒了玩儿，平均每天要睡 16 个小时以上。

让妈妈苦恼的是，平均每两天，达尔文就要欺负家咪一次。有时候达尔文当众行凶，会被立即喝止。有时候，妈妈回家后发现地上有淡色的猫毛，便会确定当天的霸凌已经发生，她会特别安抚家咪。可怜的家咪，白天家里没人的时候，一定发出过撕心裂肺的叫声。

我一度以为，家咪生性纯良，达尔文野性未改，这是霸凌发生的根本原因。

直到有一天，我读到一本书。这本书叫作《取悦症：不懂拒绝的老好人》。世界上有这样一种人，他们渴望获得别人的认可，想让所有人都满意，因此常常陷入自卑，活得隐忍而卑微。

书中提到三种患有取悦症的人，分别是认知型“好人”、习惯型“好人”与情感逃避型“好人”[①]。

认知型“好人”会陷入一个认知陷阱：只要我对别人好，别人就应该对我好。当他们对别人好，别人对他们不好时，他们会震惊、失望、沮丧，然而他们又要把这些情绪隐藏起来。于是，他们只能认为自己做得还不够好，对自己进行情感虐待。他们因此陷入一个恶性循环。

习惯型“好人”为别人付出，就是为了收获认可与感谢。换句话说，他们一次次地讨好与取悦他人，是因为他们对别人的表扬与称赞上瘾，缺少这些就会感到无法呼吸。

情感逃避型“好人”通常都受过伤，内心有伤痕。他们取悦别人，是害怕再次受到伤害，这是一种自我保护的手段。

猫是一种十分自我的宠物，不太考虑主人的感受。有人做过实

---

① 布莱克. 取悦症：不懂拒绝的老好人 [M]. 姜文波，译. 北京：机械工业出版社，2015: 6－7.

验，让猫去分辨主人与陌生人的照片，正确率只有 54%，只比猜的效果略好一点儿；而狗的正确率则达到 88%。但是让猫去辨认其他猫，正确率就达到了 90%。显然猫不是脸盲，在它们眼中，“铲屎官”是奴才，不必在乎“铲屎官”长什么样。

猫的进化史相当有意思。科学家发现，野猫根本不喜欢也不擅长抓老鼠，最喜欢抓的是鸟；而且野猫很安静，根本不会“喵喵”地叫。大约从 4000 年前开始，猫开始被人类驯化，3600 年前，人类开始普遍饲养家猫。猫抓老鼠、“喵喵”叫都是猫进化而来的特征，是为了取悦人类。因此，有一种说法，不是人类驯化猫，而是猫驯化人类。

达尔文为什么要欺负家咪？有一种可能是，达尔文看不惯家咪对爸爸妈妈的过度取悦行为。

我们在家时，达尔文保持作息不变，该睡睡、该吃吃。家咪却常常不睡觉，跑到我们面前，仰起头，看我们一会儿，判断我们的座位旁边是否有空隙，如果有，就一跃而上，乖乖地趴在我们身边。

达尔文也许觉得家咪就是猫中败类。又或者，家咪曾经试图取悦达尔文，而达尔文的回应方式就是霸凌。要跟我玩儿吗？我就是这么玩儿的。

三、帮助女孩儿改掉取悦症

那次同学聚会之后，陶陶跟我另外约了时间。她带上小雪，我们三个人深聊过一次。

在不同的学校里，霸凌小雪的是不同类型的学生。我提醒小雪，偶尔遇到一个人欺负她，是她运气不好；但每次都遇到霸凌，她就得反思一下，是不是自己也有问题。

我点到为止。陶陶带小雪回家后，给我发了一条微信，说小雪觉得，她确实有讨好别人的倾向，她觉得自己在同伴关系中，常常处于很卑微的位置。

于是，我跟陶陶通电话，听她的讲述，也讲我的分析。

陶陶自己很能干，在职场上顺风顺水，无论是在单位还是在家族里，做事都是大包大揽。小雪的爸爸观念古典而保守，家教异常严格。小雪小时候因为行为规范没有达到要求，还被爸爸动手打过。那次爸爸下手很重，陶陶都跟他急了。

小雪有强势的爸妈，精神与身体都受到过伤害，自然生成逃避心理，时间长了，便形成思维习惯，最后落入认知陷阱。

“你家姑娘，是三种取悦症的叠加。”我对陶陶说。

“取悦别人就必然招致霸凌吗？”陶陶问。

“这取决于两点。一是如何定义霸凌。有些人可能就是想跟你玩儿，没有觉得是在霸凌你。有些人天生心大，也不是很敏感，对于一些过分的玩笑或行为并不那么在意，包容度也高。与其他人相比，小雪就显得敏感而脆弱。《红楼梦》中的林黛玉就总觉得自己被霸凌。二是你自己的反应。别人也不是一上来就霸凌你，总有一个逐渐发展的过程。如果你在感觉到被人霸凌时直接发作，也许那人就终止了。如果你担心这么做可能会失去一些朋友，于是就不敢直说，那人后续也许还会霸凌你。取悦症患者如果不能对此有认知，遭遇霸凌是极大概率的事。”我回答说。

应陶陶的请求，我跟小雪也单独聊了聊。

我鼓励她自立自强，告诉她从来就没有救世主，也没有神仙皇帝，一切都要靠自己！所以，不要那么在乎别人的感受，对自己好一点儿，让自己开心一点儿。在适当的时候，把自己的主张表达出来。她已经长大了，要勇敢地向爸爸妈妈表达自己的感受。后来，小雪果然对父母的不合理要求进行反抗。

陶陶后来说，一直对自己的理念比较自负的爸爸终于低下高贵的头颅，愿意跟陶陶一起去找家庭教育专家咨询。尽管小雪的爸爸依然嘴硬，但其行动是最真实的内心表白。

这个世界是充满“霸凌”的。有一次我跟一位领导诉苦，他却说：“你看看我们身边的人，哪一个不是一肚子委屈，哪一个不是遍体鳞伤？”

“天地不仁，以万物为刍狗。”“霸凌”我们的是生活与世界。这是人生的本质。

有时候别人来找我帮忙，其实我已经很累了，却还是花很多时间和精力帮他们分析。可能是对我的分析不满意，也可能是没有养成好习惯，有些人没有对我表达应有的感激，似乎觉得我的付出理所当然。对此，我偶尔也会有一些恼怒。我这是有取悦症吗？

在很长一段时间里，我特别喜欢一首老歌，那就是陈慧琳的《记事本》。以前我以为是曲谱得好，现在来看，歌词也很反映人心哪！

你讨厌被冷落
习惯被守候
寂寞才找我
我看见自己写下的心情
把自己放在卑微的后头
等你等太久
想你泪会流
而幸福快乐是什么
…………

（2022年6月）

在物以稀为贵的时代，我们如何帮助孩子实现自己的价值

这个世界上最稀缺的不是物质，而是人才。人充满一切可能。在物以稀为贵的时代，我们该如何帮助孩子实现自己的价值，把不可能变为可能？

一、如何判断稀缺性

1. 故事一

一位喜爱收藏古董的好友在微信朋友圈晒了一张玉佩的照片，配文：“玻璃种飘绿观音特级品，请欣赏。”我看了看，也就一块玻璃，不以为意。

过了几年我又见到他，无意中聊起这件事。他说：“兄弟，你懂不懂？这是翡翠，像玻璃一样透明的翡翠，值近千万呢！”我大惊失色，说：“什么？凭什么？”他说：“凭什么？就凭这东西少，稀有。物以稀为贵，知道吗？”

这块翡翠是十几年前他花了十几万买入的，这笔钱在当时可以买上海郊区的一幢别墅了，他确实很有眼光。

2. 故事二

一个女孩儿升入有国际课程的高中，她的父母请我对她未来的发

展给出建议。

我了解到女孩儿的母亲在IT行业工作，对女儿的影响很大。女孩儿的理科特别好，上初中时参加计算机比赛拿过市级大奖，平时的学习成绩也是理科更强。

我问她有什么特长，她回答说是艺术。她会一些乐器，特别喜欢画画，也拿过奖。

我建议她，一定不能放弃艺术爱好，要坚持。即便她将来考大学不读艺术专业，而是按照妈妈的设想读工程类专业，在艺术上的投入也依然有价值。

看到女孩儿的妈妈有些疑惑，我解释说，按照现在的情况推断，她的女儿可能成为一位工程师。工程师很多，可是，有艺术气质和艺术修养的工程师就太少了。她的女儿如果有艺术气质和艺术修养，在工程师里也会出类拔萃。

3. 故事三

我教过的一个男孩儿即将去美国哈佛大学读书，学的是数学专业。他很懂得感恩，不但在接受媒体采访时提到当年作为数学教师的我对他的启蒙，还在去美国之前专门请我和他初中的班主任吃了顿饭。

男孩儿很腼腆，说得不多，他的父亲则滔滔不绝。让我惊讶的不是男孩儿在数学上的成就，而是他坚持读佛经、坐禅。这当然是受其父母的影响。我听他父亲聊他如何带着儿子爬上人迹罕至的雪山去见高僧。

男孩儿热爱数学，由于受父母的影响，对哲学也很感兴趣。我鼓励他把数学作为自己一生的专业。我告诉他，他有一个很大的优势——有悟性。

普通人利用工具推导结果，可是如果有人能先看到结果，然后去发现路径，那就更厉害！印度有一位数学天才叫斯里尼瓦瑟·拉马努金（Srinivasa Ramanujan），他一生独立发现了三千多个数学公式和命题，并全部记了下来。那些公式如同天外飞仙，令人匪夷所思，体现出他超越同时代数学家的思维。他去世之后，科学家慢慢发现这些公式在粒子物理、统计力学、计算机科学、密码技术和空间技术等不同领域都显示出作用。

我对男孩儿说："一位有直觉、有悟性的数学家太罕见了！你好好坚持，中国数学未来的希望就在你这样的人身上！"

其实，从上面三个故事中，我们不难看出事物是否具有稀缺性取决于其所在的环境。

我的一位朋友从小住在海边，他说在那儿最不值钱的就是海鲜，最贵的是猪肉。他曾带着他父亲上饭店，他的父亲在看到当年几分钱一斤的鱼如今卖上百元一条时，连呼不值。而当年，孩子们常常要等到过年，才能吃上一顿猪肉。

一位心理学教授给那些想"脱单"的大龄女青年提建议，让她们想办法在社交软件里加入男生比较多的群，如军事群、体育群、科技群等，在这些群里找到男朋友的可能性极大。反过来也一样，男生如果读幼师、护士等专业，即便相貌普通，找到女朋友的概率也极大。

二、好的教育注重稀缺性

1. 卓尔不群的学校

卓尔不群不仅仅是优秀人才的品质，也应当是一所好学校的追求。

美国的史岱文森高中（Stuyvesant High School）是美国最知名的公立高中之一，每年约有三万名学生前来报考，而录取名额只有八百多个，录取率比美国哈佛大学还低。史岱文森高中特别重视学生的学术能力，学生的学业成绩很突出。史岱文森高中 2012 年至 2016 年的校长是一位华裔，名叫张洁。和许多美国校长不同，张洁赞成美国纽约州新推出的教师评估系统，即教师的评估必须与教师的课堂表现及学生的学业成绩挂钩。尽管许多教育人士激烈反对，但张洁认为这是有效的，也是必需的。在美国，一所学校如果特别强调应试，是很不一样的。

在我国，绝大多数学校还是以应试教育为主。如果有一所学校，稍稍做一点儿改变，在保持学生较高学术水准的同时，注重学生兴趣特长的培养与综合能力的提升，必定杰出，必受追捧。

2. 卓尔不群的学生

近年来我国教育改革有一个趋势，就是除分数之外，更多地关注学生的综合素质。美国教育在这方面有很成功的经验。事实上，美国大学招生时非常注重对综合素质的评价，学生如果综合素质不行，分数再高也会被拒。

美国大学比较看中领导力，尤其是精英大学。道理很简单，在人群中有领导力的人是少数。不是成为领袖就有了领导力，而是有了领导力才能成为领袖。如果你的领导力不足怎么办？可以发展爱好与特长。特长最好小众一些，这可以让你显得与众不同。即便是有一些别人眼中的怪癖，也比毫无特点好。2014 年，福州的一位男生因为热爱吃方便面，尝遍了从康师傅到日清等各种牌子的方便面，并且在申请美国大学的文书中写了他的心得体会，被美国一所顶尖大学录取。喜欢吃方便面的学生不少，但像他这样做到极致的可就太少了。

此外，如果一个人有超出常人的意志品质，他也会被美国的大学青睐。例如，喜欢登山、跳伞等极限运动。如果你攀登过某个洲的最高峰，那你一定能成为美国大学心仪的人选。原因很简单，你这样的人是稀缺的。

3. 卓尔不群的写作

其实美国大学也挺苦恼的，因为申请的人越来越多，而且很多学生严重同质化。设想你是大学的招生人员，面对一堆 GPA（平均学分绩点）超高、标准化考试成绩超高、活动丰富、看起来完美无瑕的申请材料，你怎么选？你就得看看文书，也就是学生的自我陈述，看看学生是怎样一个人。

文书的篇幅不能长，太长了招生人员没有耐心看。如果你是招生人员，在看了很多了无新意的文书后，突然读到一篇文书（作者是一名女生），内容竟然是讨论内衣和星星！作者在短短一篇文书中写了她自青春期开始穿内衣的心路历程，从一开始的困惑、无奈、烦躁到后来的释然，最后竟上升到了人生哲学的高度。成绩好的学生有很多，把文书写得有趣、有新意、有哲理的却很稀缺呀！这名女生来自越南，最后被美国哈佛大学录取了。

三、如何帮助孩子实现自身的价值

讲了这么多故事，那在物以稀为贵的时代，我们究竟该如何帮助孩子实现自身的价值，把不可能变成可能？我认为只要做好三件事。

第一件事，引导孩子将自己的长处变精。

“天生我材必有用”，每个人都有长处，把自己的长处修炼到极致，就是一种绝技。在任何一个行业，如果你能做到顶尖水平，必定不负此生。所谓“三百六十行，行行出状元”。这也是互联网时代提倡的专注与极致的精神。

第二件事，引导孩子将自己的短处变成长处。

这件事更难，一个人若致力于将自己的短处变为长处，原来的长处还在，那就很少有人能与之匹敌了。

电影《国王的演讲》讲述了一位患有严重口吃的国王如何变成演讲家的精彩历程。在现实生活中，也不乏类似的真实案例。

第三件事，引导孩子将长处进行整合。

西方教育提倡扬长，我国教育强调补短，这两者并不矛盾。有时候，即便你的长处并不突出，但是将它们组合在一起，就变得稀缺了。我认识的一位中学校长是业界翘楚。他有一定的理论素养，在遇到中学同行时，大谈教育概念；而在大学教授面前，只谈实践经验。大家都觉得他厉害。如果我们能将一些看似冲突的优点集于一身，则更为难得。如：静若处子，动若脱兔；不鸣则已，一鸣惊人。

如果一个人恰好有两项十里挑一的技能，结合起来，他就是百里挑一的人才！一百个人中才出一个，这是多么稀缺！这个人如果能找到合适的职业，并能够让这两项技能同时发挥作用，可以预见的是，一颗明星将冉冉升起。

（2018 年 7 月）

下编

自由的下一代

我们这代人的使命与宿命

使命与宿命，这个话题很宏大，很多人或多或少思考过这个问题，我想以一位教育者的身份来做一次探讨。

一、下一代人的宿命已完全不同

我的一位大学同学读书时是明星人物，几乎是全才。他每年拿奖学金，文章写得好；又热爱运动，是我们系篮球队的主力；歌也唱得棒，而且口才出众。

毕业之后他一直在金融行业工作。可能他认为自己的职业发展有波折，但是在我看来，他已经很成功了。当然，他以前在大学读书时傲视群雄，对自己的期望很高，因此容易有挫折感。也因为这个缘故，他对职业、人生的理解比一般人更深刻。所以，每次和他交谈，我都能得到很多启发。

2017 年，我们碰了一次面。当时，平和很荣幸邀请到吉姆·罗杰斯来做讲座，他得知消息，也赶过来听。讲座结束后我们畅谈了一会儿，聊到了家庭教育问题。

他在香港定居，他的儿子在香港最好的双语小学读书，数学特别好，参加香港小学生数学竞赛能拿名次。他不满意的是，儿子的韧性不够。例如学钢琴，夫妻俩觉得孩子有一定的天赋，但孩子就是不能坚持，弄得家庭不和谐。他告诉我，儿子对游戏更感兴趣。游戏之所以有吸引力，其中一个很重要的原因就是它能够即时满足。练琴也好，读书也好，都是延时满足，效果不会那么快显现出来，所以就被游戏占了上风。

他感叹说："现在的孩子，被游戏害得，普遍毅力不足、韧性不够。"

我回答说："这是我们下一代的宿命。"

我是"70后"，我成长的时代社会变化不是那么快，生活和工作的节奏相对缓慢。我们的上一代人，如果是在事业单位或国有企业工作，很可能一辈子就在一个单位上班。对他们来说，不变是常态，生活就是如此。再加上当时的物质条件也不丰裕，导致他们更善于忍耐。而我们的下一代则大不相同，他们成长的环境充满了变化，对他们而言，变是常态。所以，在"90后"身上发生的一些事情，如"裸辞"等，老一辈人觉得不可思议。其实，对年轻人来说，这很正常，因为未来是不确定的，是变化的，是很难预测的，即使你当下想好了不变，也不一定能抵御快速发展变化的世界所带来的冲击。这世界有那么多变化、那么多选择，他为什么还要忍耐呢？

二、精英人才具备的三个特征

平和的学生家长大多具备三个特征。

第一，有较强的经济实力。因为经济条件好，他们对孩子的教育也舍得投入。

第二，有较好的教育背景。一方面，他们是教育的受益者，教育改变了他们的人生；另一方面，他们普遍具备较高的素质，对教育有较深刻的认知，对好的教育有更迫切而理性的追求。

第三，有较宽的国际视野。得益于全球化带来的“地球村”概念和各种便利条件，他们在考虑孩子的教育问题时，已经不局限于上海乃至中国，而是在世界范围内做选择。

这些家长呼唤精英教育，希望自己的孩子出类拔萃，成为精英人才。在我看来，精英人才也有三个特征。

第一，接受过博雅教育。博雅教育是一种全人教育，注重学生综合能力的提升。一些欧洲国家重视博雅教育，一直到大学本科，都不主张学生有明确的专业方向，而是注重拓展学生知识的广度，提升学生的软实力、软技能。

第二，经历过艰苦的锤炼。出身于富裕家庭的人不一定是精英人才，也有可能是纨绔子弟。精英要承担引领社会前进的重任，是民族与国家的中坚力量，需要经过千锤百炼。

第三，去功利化。精英主要是一种气质，一种品质，一种人格的力量。有的人太渴望物质，功利心太重，不太容易成为精英。例如，只考虑赚钱，不考虑承担社会责任的企业家，不是真正的精英。

我们的下一代对金钱与物质的渴望会淡一些。平和的很多高中毕业生会主动选择心理学、哲学、政治学、艺术、公共关系学等专业，他们愿意花更多的时间与精力投身公益事业。因此，下一代的精英一定比我们这一代数量更多，能力更强。

三、我们在焦虑什么

我们为什么焦虑？我们到底在焦虑什么？我仔细想过这个问题，我认为我们的焦虑来自时代。我们所有的不安全感来源于一个字：变。不是我不明白，这世界变化快。我们这代人在过去十年间所经历的社会变化超过之前几代人在几十年甚至上百年里经历的社会变化。

当然，也有很多东西是不变的。亚马逊创始人杰夫·贝索斯说：“我常被问到‘在接下来的10年里，会有什么样的变化？’但我很少被问到‘在接下来的10年里，什么是不变的？’我认为第二个问题比第一个问题更重要，因为你需要将你的战略建立在不变的事物上。”“乱花渐欲迷人眼”，在这个纷繁的世界中，杰夫·贝索斯“抱元守一”，这个“一”就是以客户为中心，这是商业运作永恒不变的原则。

对于教育者而言，什么才是不变的呢？我的答案是“自主”。古今中外所有好的教育，都指向学生自主性的培养。每个月，平和都会产生一位“平和人物”，“平和人物”必须具备“五自精神”，分别是自主、自由、自然、自省与自信。其中，自主是最核心的品质。

面对这个纷繁复杂的世界，孩子如果不能自主思考、自主选择、自主行动，凡事都要别人帮忙做决定，那他怎么能成为社会栋梁，怎么能担当历史重任呢？

在教育孩子时，我们可以借鉴王阳明的一句话：必有事焉，勿忘勿助。

孩子的教育问题，我们要时刻惦记着，将这件事一直放在心上，可谓“必有事焉”。

我的一位朋友闹过一个笑话。他的孩子已经上初二了，他去开家长会，竟然跑到初一的教室去了，找不到孩子，打电话问妻子孩子在哪个班。所以，王阳明说“勿忘”。

妈妈通常是不会忘记这些的，但有时候她们也可能会走向另一个极端：对孩子过分关注。这样的妈妈可能会易怒易躁，不愿放手、不愿等待，有时还要拔苗助长。所以，王阳明还说要“勿助”。

我们每个人都经历过青春期，青春期的孩子会有逆反情绪，这是孩子自主性萌芽的体现。孩子会想：“我不是小孩子了！我长大了！

我要独立！我要自主！”如同化茧成蝶一般，虽然过程痛苦，但结果美妙。

四、影响孩子成长的因素

影响孩子成长的因素很多，大致可归为家庭、社会与学校三大块。三者既相互独立，又有重合的地方。我的分类并不严谨，也没有实验作为依据，仅供大家参考。

1. 家庭

我认为在这三者中，家庭对孩子的影响最大，这体现在三个方面。

第一，基因。孩子是父母结合的产物，孩子的基因完全来自父母。父母的智商高，孩子的智商通常不会低。父母在孩子身上，常常能看到自己的影子。民间流传“三岁看大，七岁看老”。七岁的孩子才刚进小学，可见，来自家庭的影响非常非常大。

第二，能量。这个词包含很多因素，例如家族的力量。一个孩子通常被整个家族包括家谱上的人物赋能。在古代，出一个状元，需要一个家族几代人的积淀，出一个圣人就更难了。这也可以解释为什么古代一个大家族会出很多精英，因为他们“不是一个人在战斗”。在有的地方，养育一个孩子甚至需要一整个村庄一起努力。

第三，身教。家长的言传身教是最有效的教育，因为孩子很善于模仿。父母是孩子的第一任老师，家长要“勿忘”这一点。所以，我们更需要焦虑的不是学校，而是家庭，在家庭中做出一点儿小小的改变，会产生比择校更积极的效果。

2. 学校

学校通过三个因素对孩子的成长产生影响：教师、课程以及同伴。按照影响力大小从低到高排，依次是课程、教师、同伴。其中，同伴的影响最大。

孩子在成长过程中所承受的来自同伴的压力可能超出我们的想象，而且孩子同伴的水平又对孩子的发展至关重要。一方面，我们讲“物以类聚，人以群分”；另一方面，“六度空间理论”表明，一个人与世界上任何一个陌生人取得联系所需要的中间人不会超过六个。由此，我们可以引申得出：一个人的水平是由与他关系最亲密的六个人的平均水平决定的。

在学校里的经历可能会改变某些孩子的一生，但总体来说，学校对孩子的影响是有限的。我个人认为，学校的声望首先是由这所学校的毕业生决定的，是学生成就了学校，成就了教师。

3. 社会

社会对孩子的影响不容轻视。社会，是时代的社会，社会的本质是时代。而时代，是我们每一个人的宿命。每一个人都是时代的产物，都被时代所局限。

孔子乃万世师表，但是他生活在漫长的农业社会，不可能预见到工业社会乃至信息社会。在农业社会人们靠天吃饭，技术水平又低，物质财富的总量不会有大幅度的增长，无法形成现代商业。因此，儒家思想必定受限于农业社会的思维。在读《论语》的时候，我们必须深刻了解这部经典作品的时代背景。

我们今天讲传承中国传统文化，指的是优秀的传统文化，那些受时代所限的不符合现代社会的思想需要被扬弃。

就个体而言，每个人命运不同，会有不同的人生际遇。个人际遇有时也会成倍地放大甚至缩小家庭、学校、社会等因素产生的作用。

五、上海教育的六张面孔

在我看来，国际教育是一个伪命题。再过二十年，“国际教育”这个词就不会有人再提了。这也是我们这代人的宿命。

我们这代人一听见国际教育，可能就觉得很好；再去看本土教育，似乎觉得它普通而大众化。其实，这是缘于我们自己的不自信。如果有一天，中国足够强大了，那么我们对国际教育的看法也会有所不同。

有许多外教在中国教书，外教教外语肯定有无法替代的优势，但他们教其他学科，效果就难说了。据我观察，外教的水平参差不齐，有一部分外教很棒，带给中国教育者很多好的理念；还有一部分外教就很普通，以我国教育的标准来看，他们达到合格都成问题。这与一个多世纪前的情形完全不同。当时，很多西方人来到中国，其中自愿传播知识的友好人士大部分都是优秀人才，比如一些友好的传教士、教师、医生等。

上海的基础教育这些年来有了长足的发展，已经快速缩短了同世界先进水平之间的距离。尽管依然有不足，但上海毫无疑问能够代表中国基础教育的超高水平。原因之一，便是上海的基础教育阶段的学校呈现多元化状态，形成了一种很好的教育生态。上海的基础教育大致包含六种类型的教育形态。

第一种：自由教育

我们这代人小时候读书时学校非常宽松自由。我常听到同事说，当年读小学和中学时，下午放学后有很多兴趣活动可以参加。今天，仍有相当多学校不以提升升学率为主要办学目标，孩子的成长环境相当宽松。

第二种：应试教育

应试教育在当下作为一种普遍的教育形态，有其积极的一面。应试教育的评价机制以公平、正义为核心价值导向，“分数面前人人平等”是其最大的公平、正义。今天各行业的中坚力量大都有过“千军万马过独木桥”的应试经历，应试教育为国家的建设与经济发展培养了一大批合格的建设者。

第三种：国际教育

上海是国际化大都市，外籍人士众多，外籍人员子女学校应运而生。这些学校给我们带来了全新的教育理念，加速了本土教育的变革。

第四种：双语教育

目前双语教育越来越受到一些家庭的追捧。“70 后”“80 后”家长逐渐认识到，中国传统教育与国际教育各有其短板，于是，融合两者精华的双语教育便受到他们的青睐与追捧。

第五种：个性教育

美国的 AltSchool 以及另一所基于项目式学习的高中 HTH（High Tech High School），引领了创新学校的潮流，改变了原有学校的教育管理及课程形态，更加注重学生的个性化学习。孔子“因材施教”的理念在这些学校体现得淋漓尽致。

第六种：未来教育

今天人工智能高速发展，大家都在讨论，未来教育会是什么样子。随着基因技术、脑科学以及人工智能等技术的发展，未来的学校教育一定会呈现出更多不同的面貌。

上海的教育因这些不同的教育形态而生动多姿，不同家长群体的不同需求也基本能得到满足。我相信，沿着这个趋势发展下去，未来有一天，上海的基础教育也将成为全球的高地。

六、我们这代人的宿命

马云曾公开发言，称他不担心年轻人，他唯一担心的事情是教育。他认为如果我们还是按照过去100年的办法教育孩子，他们会出问题。

我比马云乐观，因为教育很重要，但作用并没有我们想象的那么大。试想：马云当年接受的是怎样的教育？那时的教育能预见到今天的巨变吗？如果不能，那么马云被他之前所接受的教育耽误了吗？

教育随时代而改变。所谓应时而动、因势而变，未来的人才一定会比我们更适应这个变化的时代，未来的教育也一定会被新的时代所改变。

我与上文中提到的那位大学同学谈话时，问了他一个问题："每一代人都有短板，你觉得我们这代人的短板在什么地方？"他想了想说："我们这代人还是有遗憾的。我们在积蓄力量的时候，看到的世界还很狭窄，当我们长大了准备发力时，世界突然变得开阔了。面对很多机遇，我们原本可以具备相应的能力，可以做得更好，却因为错过了最佳学习期而导致效果不佳。"

他讲这段话是有所指的。吉姆·罗杰斯做讲座时，在现场充当同声翻译的是平和一位 17 岁的学生，台下还有很多高中生用英文提问，他们是那么落落大方。我们当年绝对没有这种学习环境，没有这种机会与平台，也不具备这种能力。而我们上一代人的短板就更加明显，他们大多纯真、质朴却闭塞，他们充满理想，可是在某些方面真的狭隘。

讲了这么多宿命，我还需要讲一讲使命，因为宿命的另一面正是使命。不能做什么是宿命，能做什么是使命。我们只有认识到自己不能做什么，才能知道自己能做什么。所以，我们的宿命也正是我们的使命！

一代人有一代人的宿命，一代人有一代人的使命。当我们接过前人交过来的接力棒，站在舞台的中央时，我们不要辜负历史给予我们的机会。“江山代有才人出，各领风骚数百年。”人类社会正是在一代又一代的传承中不断前行。

（*2018* 年 *1* 月）

我们的孩子应该有教养，有情怀

国外大学招收学生时，除了要看学生平时的学业成绩以及标准化考试成绩外，还要考查每一位学生的综合素质。在我看来，教养和情怀是一个人最重要的综合素质。

一、教养

著名管理培训大师余世维讲过一件事，他每次住宾馆退房时都尽量把房间还原成刚刚入住时的样子，他说这样做的目的是让打扫房间的人觉得："嗯，刚刚那位客人一定是一个有教养的人。"类似的例子还有很多，例如，在飞机上吃完东西之后，把所有要扔的东西都整理好塞进盒子后再递给乘务员，在快餐店吃完东西后顺手端起餐盘倒掉垃圾。这些举动都会显得你有教养。

没教养的例子也有很多。我曾读过两个关于熊孩子的故事。之所以叫熊孩子，是因为这样的孩子大多没有教养。

在第一个故事里，作者住在美国的一家酒店里，突然警报声响起，作者以为发生火灾，正准备逃离时，广播响了，要求所有人原地待命。事后，一个熊孩子浑身湿透，披着浴巾，垂头丧气地接受警察的询问，旁边站着他的父母。原来这个熊孩子在房间里玩球，把球往墙上扔，结果将烟雾报警器的盖子击落，导致报警器启动。

另一个故事讲的是作者的亲戚带着孩子来家做客，那孩子到处翻主人的东西，甚至往钢琴上倒水。他向亲戚投诉，亲戚却说孩子还小，请不要计较。于是他将那个孩子拉到一边，说他做得不错，还告诉他以后可以尝试把可乐等饮料往琴键上倒。结果不久之后，他就得知那个亲戚家的熊孩子闯了大祸。亲戚带孩子去市中心的一家购物中心逛街时，孩子偷偷往大厅里的一架名贵的古董钢琴里倒可乐，被当场抓住。商场给出的处理方案是：要么花六十多万把那架钢琴买下来，要么花费近二十万修钢琴。这是一个让熊孩子及其家长铭记一生的教训。

熊孩子长大之后会变得有教养吗？很有可能不会。画家陈丹青有一次去一所大学做演讲，他在洗手间里小便时旁边的小伙子突然认出他来，问："你是陈老师吧？"陈丹青很尴尬地点点头，那个小伙子很兴奋地说："太好了，我们拍张合影吧。"陈丹青愈发觉得尴尬，刚走出厕所，就被那个小伙子一把抓住，生怕他逃了。

作家六六是一个直性子的人。有一次，她在开车时，看到前面一辆车里的人打开车窗往外扔东西。她非常生气，追到前面把车拦下，质问扔东西的人为什么这么做。那人却不以为然，觉得六六多管闲事，说反正有环卫工人打扫，路上没垃圾环卫工人岂不是失业了云云。这些都是没教养的表现。

教养是什么？我的理解是心里有他人，发自内心地关心爱护他人。教养分两个层面：一个是外在的，还有一个是内在的。真正的教养一定是由内而外表现出来的。

有教养的人有五个特征。

一是守时守信。有教养的人无论遇到什么样的困难，答应了别人的事就一定会努力去做。古人讲"一诺千金"，又常说"君子一言，驷马难追"。世界那么大，个人的力量太渺小，我们需要团结协作，诚信就显得尤为重要。当然也有少数人“不靠谱”，所谓“不靠谱”，就是靠不住，不守信用。

二是心态平和。在成长的道路上，每个人都免不了会遇到不公平的事，有些人赢了就得意忘形、沾沾自喜，输了就骂骂咧咧、破罐子破摔。其实，胜亦欣然、败亦淡然，才是人生的高境界。

三是谈吐有节。平和的一位老师曾讲过这样一个故事。下班后她在学校附近乘坐公交车，和她一起上车的还有一位穿着平和校服的高中生。后来，上来一位年轻女士，她的交通卡欠费，刷不上。司机客气地请她投币，她说没有硬币。司机说没有硬币就得下车，她说不关司机的事。就在两人僵持不下的时候，这位老师看到那位高中生走到前面，掏出两枚硬币塞入投币箱，然后说：“票我补上了，在公共场合请不要吵。”瞬间车厢里安静下来，这位老师心中油然生出一种自豪感，同时也懊恼为什么自己没有想到像那位学生那样去做。

四是宽容大度。前两年平和高中部的一位男生热心学校事务，学校里有任何不足他都会提出来，也常常会来找我。我本来还挺欣赏他，可是，后来我了解到他自己的行为非常糟糕，每次违反了校规，他都会反过来说是校规不合理，或者老师的态度、方法有问题。他是论辩高手，喜欢钻牛角尖。这样一种严以待人、宽以律己的做法，连他的父母也不认同。

五是有同情心。同情心是一种大爱。很多年前的一天，我在上海的人民广场上等人，一个十岁左右的小男孩儿走过来，伸手跟我要钱。我犯了职业病，问他多大了，是哪里人，上学了没有，父母是否知道他的情况。小男孩儿面露凶光，冲我竖中指，还说“不给钱问这么多问题干什么”，然后便离开了。你们说我当时是什么心情？你们一定以为我很生气。但我当时最大的感受是悲哀，我想到平和与他同龄的孩子是一种什么样的生活状态，而他在走怎样的人生道路。许多这样的孩子出来讨钱，背后都有大人控制。如果他们讨不到钱，回去后会被打。如果他们一直沿街讨钱，他们的一生可能就毁了。可我又无力改变现状，所以觉得很悲哀。

二、情怀

我所说的情怀包括三个方面。

第一，不功利，不势利。我遇到过的不少家长处于一种不正常的焦虑之中，他们满脑子想的都是孩子的分数与升学。如果一件事对孩子的升学没有帮助，他们绝不会做；反之，则会拼命去做。在一次座谈会上，平和“电视台”①的前总监（台长）王云昊同学讲到平和高中部与他曾就读的传统初中的区别。他说在初中时，参加兴趣小组和竞赛活动的目标很清晰，就是要拿名次，要获奖。然而在平和，他参加那些社团活动完全是出自内心的热爱，是因为自己真心喜欢。同时，平和的支持力度很大，也不要求回报。

还有一个女生，刚刚高三毕业就拿到了加利福尼亚大学洛杉矶分校的录取通知书。她对做公益十分热心，参与了很多公益项目。平和做公益的高中生有很多，毕竟，申请国外大学时，有公益活动经历是很重要的条件之一。然而她在即将毕业的时候，投入更多的精力发起了一个活动，去帮助她家乡山区里的孩子。这个活动对她的升学已经没有任何帮助，可是她还是用心去做，这就是完全没有功利心的表现，我们的老师都很佩服她。

反过来看今天的留学市场，各种不诚信、弄虚作假的现象层出

---

① 一个由平和高中部学生全权运营管理的平和官方媒体平台，成立于2006年。——编者注

不穷。很早以前，平和参与国际文凭中学项目的学生申请国外大学时甚至不需要SAT（美国高中毕业生学术能力水平考试）成绩。后来由于越来越多的学生提供的成绩单根本不可信，导致国外大学转而依赖他们自己的标准化考试，如托福、雅思等。这两年，连托福和雅思也不那么可信了，国外大学对此非常苦恼。平和这些年来一直坚持诚信，反而成就了自己的品牌，在许多国外的大学中树立了良好的口碑。

第二，有思想，有行动。思想与行动究竟哪一个更重要，可能要因事因人而异。有一天，物理学家欧内斯特·卢瑟福（Ernest Rutherford）很晚离开教学楼。他看到实验室的灯还亮着，发现一位学生在做实验。欧内斯特·卢瑟福问他白天在做什么，学生回答也在做实验。于是欧内斯特·卢瑟福问他，那他用什么时间思考呢？可见，在欧内斯特·卢瑟福看来，思考比行动更重要。

有一位青年人写信给杨绛，诉说自己的苦闷心情，杨绛回复他的信中有这么一句话："你就是想得太多，做得太少。"在杨绛看来，行动比思想更重要。于是，问题产生了：思想与行动，哪一个更重要？

在我看来，两者同样重要。一个有成就的人，必定既有思想，又有行动。平和的高一新生，总体而言是不缺乏思想的，因为有思想是我们招生环节中一个重要的指标，尤其是学国际课程的学生，都必须通过一个至少半小时的面试，这个面试，就是考查学生有没有思想。曾有一位来自上海一所著名初中理科班的尖子生报考平和高中部。她的笔试成绩很高，面试成绩却很低，没有被录取。家长很生气，认为面试有问题。我们决定再给他的女儿一次机会，由我亲自接待他们父女俩。一开始，完全是父亲讲，女儿一句话也不说。我就对父亲说："如果今天一直是你讲，你的女儿面试成绩就是零分。"他急了，说他不讲了，然后催促女儿“你说呀，快说呀”。我问女孩儿有什么兴趣爱好，她回答没有。我问她周末做什么，她回答说补课。我看到她的自我介绍写得还不错，于是问她这个自我介绍是不是她自己写的。她回答，是爸爸帮她写的。

接下来的面试，就演变成我对她父亲的批评。这位父亲一直有一个观念，认为小孩子的任务就是读书，至于其他方面，长大后自然就懂了。我告诉他他太糊涂了，现在孩子生活的世界早已不是我们当年的样子，他这样包办下去，孩子会被他毁掉的，因为她已经没有任何个人的想法。最终，我们没有录取这位学生。

第三，有责任，有担当。在一次教职工大会上，我给大家举了查尔斯·达尔文的例子。查尔斯·达尔文是进化论的创始人，被认为是 19 世纪影响人类社会进程最重要的思想家之一。他在学生时代学习成绩很一般，被他的父亲评价“整天无所事事地游荡”。现在来报考平和的学生很多，平和很难考，我们根本不需要为生存发愁。我们要思考的是，该如何生存，生存的意义又是什么。我们要思考：什么时候，我们能培养出像查尔斯·达尔文这样的大科学家？下面的老师说：“万校长，查尔斯·达尔文考不进平和的！”我说：“对呀，这恰恰就是一个大问题！查尔斯·达尔文一定有他超凡的内在品质，可是按照我们现在对学生的评价标准，这个品质是考核不出来的。考 100 分的学生满世界都有，但具备想象力、创造力的人才却很稀缺呀！”

我认识一位高中生，他各方面都十分优秀，有希望进入美国最好的大学读书。可是有一天他半开玩笑地说，他的梦想就是到华尔街数钱。作为校长，我听完之后心里五味杂陈。也许他只是随便一说，但我必须思考一个问题——我们究竟要培养什么样的学生？如果我们只关注分数，孩子的目标也只是将来去华尔街数钱，我们教育者的价值又体现在哪里？

我是从复旦大学毕业的。当年，我的同学很少像我这样来中学做老师，他们中的许多人也不理解我。今天，他们会说，他们可能赚的钱比我多，但我的工作更有意义！

我们要把自身的命运和国家、社会、民族联系在一起。这也是为什么作家刘慈欣获得“雨果奖”让我们振奋，施一公团队在生物学领域取得重大突破让我们自豪。我们需要太多的人在太多的领域成为实现中华民族伟大复兴的中坚力量。这就是有责任，有担当！

（2015 年 9 月）

我们的孩子能为世界带来什么

2016 年的一天，我给当时的高一新生做了一个迎新演讲，并告诉他们在他们就读平和高中部的三年中，像那天一样，同学、家长、老师坐在一起听校长发言，一共只有两次。那天是第一次，第二次是毕业典礼。绝大多数校长更重视毕业典礼上的发言，我个人认为学生刚刚进校的第一次发言更重要，因为到毕业典礼时学生马上要离开了，校长就不要再提什么要求了。我在毕业典礼上的发言通常比较简单，因为那一天的重点是毕业生代表的发言。

有一件事情可能很多人都知道，美国哈佛大学教育学院在 2016 年上半年发表了一份影响很大的报告，标题叫作“扭转潮流”（Turning the Tide）。哈佛大学之前在美国中学生中做了一项调查，让学生选择什么最重要，结果大部分人选择个人成就及人生幸福，只有少数人选择关爱他人。美国的教育者认为这是很严重的问题，与他们所宣扬的主流价值观相背，于是开始分析背后的原因。结果，他们发现是因为学生升学的压力太大，所以不得不将更多的精力耗费到提高学业成绩上去。因此，哈佛大学发出倡议，要扭转这个潮流。该报告给出了一些建议，有三点让我印象深刻：一是降低学业成绩和标准化考试的比重；二是鼓励学生参加更多的社区服务和关爱他人的公益活动，并且这些公益活动不是短期的，而是长期的；三是对学生的课外兴趣活动要重“质”胜于重“量”。这个倡议得到美国很多顶尖大学的响应。

哈佛大学的这份报告切中了当今教育的要害。由这份报告出发，我个人认为优秀的学生应该具备三个品质。

一、感恩心

2016年是平和建校20周年，很多家长通过视频直播观看了庆祝活动。我们在2015年前就确定了此次校庆的主题为“感恩平和，追梦未来”。我在当天的校长致辞中特别提到我对平和的感恩。我大学毕业后就到平和工作，因此我的工作履历特别简单。可能有人会说，多尝试不同的工作，看到的人生风景会更多。我说：“在一个地方工作一辈子，看到的风景也很独特，我没有什么好遗憾的。”小时候，我是一个性格十分内向的人，表达能力很差，不敢在公共场合发言。刚当老师时，第一次走上讲台我不敢看学生，眼睛看着天花板把课上完。我起点很低，竟一路走下来，做到校长的位置，对此我特别感恩。

前两天，我和第一届的一位校友聊天，当年他特别调皮，一直给我添乱。现在他留学归来，从事投资工作。他跟我讲，他的父亲受传统文化影响很深，从小对他特别严厉，几乎从来没有表扬过他。让我惊讶的是，从这样一个家庭走出来的孩子，居然特别感恩。他很感激他的父母把他送到平和来读书，让他有这样的平台，有这样的视野，还能去国外留学。他回国之后找了一个门当户对的女孩儿结婚，有一般人没有的工作起点。来看我的那天早上，他刚刚签了一个协议。他和朋友合伙投资的一家医院完成了第一轮融资，他的成本完全挣回来了。开医院的钱是他父亲借给他的，他可以很自豪地把钱还给父亲了。虽然家庭条件不差，但是他更愿意用自己的双手创造未来。我为他而骄傲！

常有人羡慕别人运气好。心理学家曾经通过大数据研究，寻找人身上与好运相关的要素，最后确实也找到了一些，如智商、相貌等，但与好运最相关的竟然是感恩心。对此，我这样理解，有感恩心的人，比较容易满足，对身边的人也比较友善。别人可能因此更愿意帮助他，因为他会感恩。事实上，美国很多常春藤大学在招生时对亚裔设置了名额限制，其中一个原因是亚裔学生不太愿意给母校捐款。美国的顶尖私立大学都要靠捐赠的基金生存，扩大亚裔的招生比例意味着增大了未来捐赠基金减少的风险。他们必然要权衡。

感恩心的对立面是指责心。具有指责心的人总是向外归因，而不会向内反省。我认为，学霸比较容易形成指责型人格，因为他们学东西太容易，会不自觉地用自己的标准去衡量别人。我在读大学时，开始反省自己是否有指责型人格。因为身边的同学都很优秀，你擅长的任何一个方面，都有人比你做得更好，然后你就被那些人比了下去，这让人非常不好受。有指责型人格的人常常会把周边环境弄得一塌糊涂，被他指责的人肯定会不开心。他自己呢？也不开心。

美国耶鲁大学的一位校长在一次发言中也提到感恩心，他认为，感恩心实际上是一种核心竞争力。请注意，当一位大学校长提到核心竞争力时，意味着具备这一素质的学生正是他们想要的学生。他还认为，有感恩心的人更幸福。这个当然也很好理解。当人心存感恩时，诸如妒忌、愤怒、仇恨等负面情绪就会更少出现。

各位家长，建议你和自己的孩子做一次深入的沟通，来判断一下他们是否懂得感恩。我读过一篇文章，说一位妈妈叫七岁的女儿吃饭。女儿说等会儿来，让他们先吃。过了几分钟，女儿来了，发现她的碗是空的，于是责怪妈妈没给她盛饭。那一刻，这位妈妈深刻反省自己，因为之前一直帮女儿盛饭，以至于让女儿认为父母为她盛饭是理所当然的。她说："如果我们的孩子对于我们的付出不知感恩，我们就是在培养白眼狼。"不仅富裕家庭可能培养出白眼狼，普通人家也有可能。

二、利他心

我们都很认同情商很重要，那么情商高有哪些表现？我认为高情商的人心里装着别人，也就是有利他心。

日本著名企业家稻盛和夫 27 岁创建京都陶瓷株式会社，52 岁创办第二电信，两家企业都进入世界五百强。2010 年，日本航空公司宣布破产重组，日本政府求助已经退休且在寺庙修行的稻盛和夫，78 岁高龄的稻盛和夫毅然接受邀请，出任日本航空公司董事长。在短短几年的时间里，日本航空公司扭亏为盈，并重新上市。

稻盛和夫上任之初，就宣布日本航空公司的企业目的为"追求全体员工物质与精神两方面的幸福"。有管理干部提出反对，说工会一直跟企业斗争，对于一家接受国家援助的企业来说，这样的理念不合适。稻盛和夫坚持不动摇，他认为，只有把员工的幸福放在第一位，员工才能真正把日本航空公司当成自己的公司，从员工到干部才能齐心协力，不惜牺牲，全身心投入到公司的重建中。这是企业发展最大的原动力。

事实上，稻盛和夫经营企业最核心的一条原则就是"利他心"。他认为，经营企业不是为了赚取利润，而是为了让员工更好，让社会更好。稻盛和夫的心里满是他人。

中国的家长有精英教育的情结，普遍望子成龙、望女成凤。谁愿意一开始就把自己的孩子往普通人的方向培养呢？有精英教育的情结也是好事，一个民族精英多了，自然会有发展。

我的一位女性朋友有一次报名去外地山区支教，住了一天就回来了。我问她为什么回来，她说，她这个人其实要求不高，就是有一点，住的地方要好。我心里想你这叫要求不高吗？要求太高了。你去山区做公益，人家还得伺候你住好。我说她可能没有办法再到外地去做公益了。真正的精英，对物质的要求很低，可以睡很窄的床，吃简单的饭，但在精神方面很富足。满脑子只考虑自己，不能克制自己的人，不是真正的精英。

那么，如何培养孩子的利他心呢？家长可以从孩子平时的言语入手，培养孩子的利他心。有些孩子性格直爽，说话直接，他们给自己辩护的理由是自己心直口快，想啥说啥。我要告诉家长的是，心理学的分析认为，那些讲话直接的人本质上都是自私的人。为什么？因为如果一个人只顾自己舒服，觉得把话憋在心里难受，便一口气说出来，说明他不怎么考虑别人的感受。自己不开心，就用言语伤害别人，然后说“对不起呀，我只是心直口快”，这是利他心不足的表现。

三、建设心

拥有建设心的人，可被称为建设者。建设者的对立面是破坏者。有一个段子是这样说的。老板召集员工开会，问：“公司有什么问题？”下面 100 只手举了起来。再问：“原因是什么？”一半的手放下去了。又问：“有什么解决方案吗？”只有不到 20 只手还举着。老板最后问：“谁愿意担起责任，来试一试？”只有两三只手还举着。这就是真实的世界。批评谁不会？我们更需要建设者。

平和的毕业生徐犇是学术天才，读书毫不费力。2016 年他毕业时作为当年的毕业生代表发表了毕业感言。他说了一句话让我很感动。他说他自己在平和学习了 12 年，从一名破坏者成长为一名建设者。徐犇小的时候，会在课上挑老师的毛病，搞得老师很尴尬，这是他自己讲的破坏者的行为。上了高中之后，徐犇发生了很大的变化，我举两个例子，来说明他是如何做建设者的。

高一结束后，我找徐犇聊天，征询他对任课老师的看法，因为我知道他的看法通常比较犀利。出人意料的是，他对所有老师都给出了正面的评价，还把每位老师的优点列了出来。一位年轻老师缺乏经验，我本来还有点儿担心，他却说，这位老师特别好，常常在学校待到很晚，问学生有没有什么不懂的地方，帮学生一一解答。然后我问他个人的情况，他说其他都好，就是不小心得了一个“D”，也就是纪律警告。我问他原因，他说其实是误会。有一次他被一位老师叫去说事情，导致上课晚到了两分钟；恰好学生处主任看到了，不由分说，就给了他一个“D”。我说他可以申诉，请老师帮他解释。他笑了笑说：“我以前已经给老师添了不少麻烦，这个‘D’无所谓的，学期结束后自然就清零了，不要再麻烦老师了。”我听了之后心里感到特别温暖。

第二个例子是高二结束后，他卸任平和“电视台”的总监（台长），和另外几名同学一起创设了一个学生的自媒体平台 PHer。因为这个学生的自媒体平台要代表学生立场，他们不想请指导老师审核，于是无法在高中部注册，也就不能计算学分。但他们义无反顾地去做。既然是代表学生立场，便会有一些对学校的批评与建议。徐犇说：“我从小学一年级就在平和，因为我热爱平和，才希望她变得更好，我所有的批评与建议都是基于这一目标。”如今，PHer 已成为平和高中生的一个十分重要的自媒体平台。

同样，平和还有很多这样的建设者。2012 年，王云昊接手平和“电视台”，将这个奄奄一息的社团带成了全校第一大社团，其鼎盛时期有上百名社员。他毕业之后，平和“电视台”发展得依然很好，成为发布平和官方信息的重要窗口。另一位同学王雨桦在校时担任模联社（模拟联合国社团）社长。有一天她找到我说：“校长，我参加了国内外许多模联活动。我有一个梦想，有一天要在平和举办自己的模联大会。”我鼓励她：“我们支持你！”后来，平和模联社果然举办了模联大会，接任者在此基础上更是举办了模联峰会，请全上海中学生模联社的社长集聚一堂，共商模联发展大计。2016 年暑假，模联社还举办了第二次峰会，我还应邀致辞了。还有一位女生，2016 年她读高三时请我帮她写推荐信。我在推荐信中写道，平和很感谢她，因为在她之前，平和没有女子篮球队。她把女子篮球队建立起来，自己担任队长，组织比赛训练，让球队发展得很好，而且有传承。平和高中部毕业生黄显慧早年立志学医，毕业后去了美国圣路易斯华盛顿大学。上大学时，她决定休学一年，去云南做公益。她曾跟我讲述过做公益时的经历。有一次她去给一位山民看病，天晚了，又下了雨，她下山时一失足差点儿从悬崖边滑落下去。我听后既感动又佩服。

各位家长可以问问孩子，是否因为他们的存在，让家庭变得更好，让社区变得更好，让平和变得更好？未来他们离开学校，走上社会，是否能成为民族崛起的中坚力量？再往高一层说，他们是否能通过自身的努力，为全人类的文明做出贡献？

我主要跟大家谈了三点：感恩心、利他心、建设心。请每一位家长让孩子在心里给自己打一个分数（满分是 10 分），看看现在他能得几分，以及将来他需要如何改进。

（*2016 年 8 月*）

教育因果论——但行好事，莫问前程

我曾读到某位著名经济学家的《你所不知道的刘强东》一文，很有触动。

刘强东早年在北京中关村经营店铺时，就已经显示出他的与众不同：坚持明码标价；从不卖假货；更重要的是，每件商品都会开发票。在那个年代，一个做小生意的人能有这样的坚持，太难得了。

我很敬重刘强东，京东能做大做强不是没有缘由的。

一、事事皆有因

因果论是一种认知模型，我们能用它来解释人生的现象。

小时候，我常常听人说“一分耕耘，一分收获”“种瓜得瓜，种豆得豆”。遇到不好的结果时，老人会说：“不听老人言，吃亏在眼前。”今日的果源于昨日的因，而今日的因又会发展出明日的果，所以我们从现在开始好好努力，未来还是大有希望的。

然而也有拼命努力却没有好结果的例子，这时因果论就碰到了挑战。

我曾经听一位大学老师讲课，这位大学老师说他有个邻居，下岗后领低保，也不出去找工作，整天打麻将。一日，上初中的儿子拿了张通知回来，说老师请他到学校去，他直接挥手说不去。牌友问为什么，他说：“这小子老是考第一，学校开家长会让我介绍经验，我有什么好介绍的？不去！”而许多家长花了大量时间、金钱、精力培养孩子，最后孩子的成绩还是不理想。

二、好果不足喜

每天我们都要面临各种“果”，该如何看待？我想和大家分享两句话，第一句是“好果不足喜”。我举三个例子。

1. 学霸

学霸之所以成为学霸，大体有两个原因：一是聪明，二是有内驱力。如果只靠聪明，通常都走得不太远，所以有内驱力就显得很重要。那些一直到大学乃至工作之后都表现出色的人，通常都有极强的内驱力。内驱力的本质是好胜心。

我是体育迷，喜欢看 NBA（美国职业篮球联赛），我发现球星大多好胜心极强。2017 年 NBA 全明星赛的首发阵容揭晓时，我发现上届常规赛的最有价值球员拉塞尔·韦斯特布鲁克（Russell Westbrook）落选。记者问他是什么感受，他说他才不在乎呢！

一位朋友读小学一年级的儿子成绩优秀，但竞选班干部却总是落选。这个孩子如此渴望被选上，以至于他告诉其他同学如果不投票给他，他就会回击。当他终于当选班干部后，他的爸爸问他听到结果时的感受。他说：“真无聊哇，无聊得我都想睡觉了。”大家看，他的反应跟拉塞尔·韦斯特布鲁克是一样的。结果，晚上睡觉之前，他终于忍不住说了实话：“老师公布结果时，我强忍住眼泪，才没让它流下来。”

我跟这位朋友说：“你的儿子好胜心太强，你不用担心他的学习成绩，他得了第二名都不会甘心的，但他在人际关系上会有困扰。”

世界上智商高到不需要情商的人也有，但太少，大多数人都需要学会团队合作。低情商学霸的好胜心像一团熊熊火焰在他的心头燃烧，稍有不慎就会烧到自己、害了自己。如果你的孩子是这样，你可能更希望他做一个普通人，平平安安就好。

2.“白富美”

女孩子学有所成，进入社会后成为“白骨精”——白领、骨干、精英，这当然很好。但如果情感教育不到位，女孩儿择偶时可能会遇到困难。

很多家长信奉女儿要富养，要见世面，以避免将来被一个穷小子用一串糖葫芦骗走。女孩儿被富养之后，心理阈值会提升，如果家长不善加引导，她们有可能会走向另一个极端。例如，如果把浪漫而不切实际的偶像剧中的男主角当作模板来找男朋友，是很难找到合适的人的。

我们那一代人小时候基本是被穷养的，家长告诉我们要学会忍耐。有一次我看一个电视节目，节目组邀请了一些老人谈一谈人生感悟。主持人问：“你和你的老伴风风雨雨走过了五十年，你是如何做到的？”一位老先生的回答特别简单，就两个字——忍呗！现在的孩子，有多少会忍？而且一忍就是五十年？

3.“聪慧男”

男孩子特别聪明，当然值得我们高兴，但这个世界有成就的人不一定是那些最聪明的人。为什么呢？因为我们有一句话——聪明反被聪明误。

一个孩子若从小被人夸奖聪明，可能会有两个直接的后果。第一个后果是不太愿意用功，或者不愿让别人看到他很用功。因为成绩好又不用功，才能显示出他的聪明啊！第二个后果是不愿意挑战新生事物，因为没有把握，怕失败。这就是我们说的，聪明不高明，聪明却没有智慧。

三、恶果不足悲

我想和大家分享的第二句话是“恶果不足悲”。同样，我也举三个例子。

1. 学困生

前些天，一位毕业多年的学生回学校看我。他说：“老师，上学的时候，我除了学习不好，什么都好。”请大家好好品味这句话，我认为这句话很有深意。

现在，他发展得不错，原因就在于在社会上，我们真正需要的不仅是考试能力，更需要考试之外的能力。

大多数学困生对老师特别尊重，对同学也常常很友善。他们懂得谦卑，讲义气，韧性也强。

读书时我算是一个学霸，后来做教师时遇到一个很大的挑战：有些内容我觉得根本不需要教，学生看书就能看懂。可是为什么我讲了三遍，还有不少学生不理解？

许多优秀的篮球教练常常不是好球员。那种有过学困生的经历，后来逐渐开窍的人其实做教师是很有优势的，因为他们更能够理解学生在学习中碰到的困难，并进行有针对性的设计与辅导。

2. 磨难多

一个人如果诸事不顺、历经磨难，看起来是很不幸，但其实我们也可以说这是上天对他的眷顾。

大家看那些武侠小说里的主人公，哪一个不是历经磨难、久经考验才成为大侠的？这叫“天将降大任于是人也，必先苦其心志，劳其筋骨”。

我在遇到不顺心的事时，一方面我的心情郁闷，另一方面我其实挺享受那个过程，因为我想上天一定是准备给我更大的机会，所以要锻炼我。

如果人生没有任何压力，整天轻松舒适，我们反而会感到无聊空虚。

3. 叛逆期

孩子进入青春期之后，容易变得叛逆。家长常常为此苦恼。但在我看来，叛逆期是一个孩子自我觉醒之后开始学会独立并积累内心力量的过程。

我曾经听过一位作家的演讲。他说他以前的一位邻居教育儿子的方式很粗暴，儿子又特别调皮，于是经常被打。他记得最后一次看到那个男孩儿被打的场景，父亲把男孩儿摁在凳子上，用皮带抽屁股。那个男孩儿眼泪在眼眶里打转，就是不落下来，脸上满是不屈的表情。作家说，这孩子放在古代绝对是一条好汉，他从心里敬重这个孩子。孩子进入青春期后，那位邻居就不敢再打孩子了。

四、因与果的复杂性

有一对姐弟，姐姐非常懂事，弟弟却很自我。过生日时，爸爸妈妈带他们去挑礼物，姐姐一开始说不要，最后挑了一个最便宜的，弟弟则挑贵的买，一个不够还要第二个，走到半路又说改主意了，要去换。姐姐上学之后，同学都很喜欢她，因为姐姐记得每个同学的生日，还会送亲手做的小礼物。弟弟则是以自我为中心，常常与同学发生矛盾。

大家觉得哪个孩子好？当然是姐姐，对不对？

若干年后，姐弟俩成年了。姐姐得了很严重的抑郁症，可能是因为她一直压抑自己，太在乎别人的感受、别人的评价，到后来压力太大，崩溃了。同时，弟弟却成长为自信阳光的大男孩儿，学业有成。

这其中的因和果当年又有多少人能够想得到？因与果之间的关系非常复杂，我简单谈谈我的三个认识。

第一，量子世界，混沌系统。

很多人读过科幻小说《三体》。三体问题是指三个质量、初始位置和初始速度都是任意的可视为质点的天体，在相互之间万有引力的作用下的运动规律问题。两体可以预测，三体很难预测，初始条件有一个微小的变化，结果就会相差万里。这就叫混沌。

在现实社会里，我们每一个人都是一个“体”，我们是处于多少“体”的复杂系统里？未来又有多少不确定性？

同时，这个世界也是量子的世界。量子思维有一个重要的特征，就是兼容并包。世界不是非黑即白的，而是多元共存的。

我以前读过一个小故事。两个小和尚争论不休，各执一端，甲和尚去找师傅，师傅听完后，点点头说他讲的有道理。乙和尚也去找师傅，师傅听完后，点点头说他讲的有道理。一直在师傅旁边的丙和尚就看不懂了，问道：“他们俩说的明明相反，师傅怎么说他们都有道理？”师傅听完后，点点头说：“你讲的也有道理。”老和尚的道行很深。所以，有科学家说，佛教的本质是量子力学。

第二，有因有果，无善无恶。

世界有各种因果，我们不要简单地用善恶的角度去看待。

王阳明说“无善无恶心之体”。世界本无善恶，人的心念一动，就有善恶了。天道就在那里，无善无恶，遵循了就是善，违逆了就是恶。

人自身有免疫系统，上吐下泻、打喷嚏、发烧等，都说明免疫系统正在行动，或排毒，或杀菌。如果此时我们滥用抗生素，反而会导致我们的免疫力低下。有的人容易生病，其实是自身免疫力差的结果。

第三，谋事在人，成事在天。

基因决定我们有很多事情做不到，在很多方面，基因把我们未来发展的大致范围圈定好了。这就是宿命。

但另一方面，宿命中也包含使命。某些时候你会不知不觉承担一些责任，当命运选择你的时候，你要尽力而为，不留遗憾。比如，我大学毕业时选择做教师，我家里人是不太赞同的，他们当时帮我联系了其他单位。我在学校待了二十多年后，突然意识到，教育是最重要的行业之一，而我恰好成为一所双语学校的校长，我想这大约也是我的宿命吧。

《大学》第一段说：“大学之道，在明明德，在亲民，在止于至善。知止而后有定，定而后能静，静而后能安，安而后能虑，虑而后能得。物有本末，事有终始，知所先后，则近道矣。”物有根本，事有始终，这就是因果，知道因果，就接近明白道了。

电影《无问西东》本来是为清华大学百年校庆献礼的，结果过了六年才播出。要是当年及时播出，会有这么受欢迎吗？我看不见得。《无问西东》当然是一部不错的影片，更重要的是它碰巧选对了播放的时机。

最后，我送大家八个字——“但行好事，莫问前程”。我们要种下好的因，至于结果，看淡它。无论结果是好是坏，我们都要学会坦然接受。

（*2020*年*11*月）

人生三件事

一、三件事

人生有三件事：应做之事、擅做之事、乐做之事。

第一，所谓应做之事，即应当做的事。早晨醒来，头疼欲裂，不想上班，但想到有重要的会议，必须提早到会场；眼前有一道迈不过去的坎儿，但无法逃避，横竖要去面对；单位里有不喜欢的人，或是上司，或是下属，我们只能把真实的想法隐藏起来，扮演好应该扮演的角色。

第二，所谓擅做之事，即擅长做的事。李白说："天生我材必有用。"所谓高手在民间，"三百六十行，行行出状元"。每个人都有一些事情做起来得心应手，超过一般人。原因大致有两个：一是天赋过人，无师自通；二是刻意练习，熟能生巧。朱熹说："问渠那得清如许，为有源头活水来。"欧阳修则说："我亦无他，惟手熟尔。"

第三，所谓乐做之事，即乐于做的事。孔子说："知之者不如好之者，好之者不如乐之者。"总有一些事，不做时煎熬，做时享受。对于这些事，我们不仅仅是爱好，而且是以此为乐。例如"人生得意须尽欢，莫使金樽空对月""休对故人思故国，且将新火试新茶""隔座送钩春酒暖，分曹射覆蜡灯红""书当快意读易尽，客有可人期不来"……做乐做之事，正是"金风玉露一相逢，便胜却人间无数"。

孩子长大后的理想状态，是所做的事情能达到“三合一”。何谓“三合一”？即他必须要做的赖以谋生的事情，恰恰是他乐于去做，也擅长去做的事情。这样的人生，想一想都很美好！

“三合一”过于理想化，更多的时候是“二合一”。“二合一”有三种组合。

第一种，应做之事也是乐做之事，但不是擅做之事。

第二种，应做之事也是擅做之事，但不是乐做之事。有孩子通过最高级别的钢琴考试后，从此再也不弹钢琴，原因是他并不喜欢弹钢琴。

第三种，擅做之事也是乐做之事，但不是应做之事。那些诈骗犯的作案手法有时令人防不胜防。

如果我们只能做到“二合一”，应当杜绝选择第三种。前面两种很难选择，选择第一种，我们很可能是一个快乐的普通人；选择第二种，也许外表光鲜，却“心似已灰之木，身如不系之舟”。

南唐后主李煜擅长文艺创作，且是文艺史上不世出的天才；他应当做的事是当好皇帝，治理好国家；乐于做的事却是和大小周后在一起，“只羡鸳鸯不羡仙”。结果呢，他成了亡国之君。李煜被俘后，创作了大量作品，临死前在监牢中写下“春花秋月何时了，往事知多少”。很多人不知道，让李煜在文坛中确立重要地位的那些诗词，多是他在亡国之后受了刺激创作出来的。在亡国之前，大周后病重期间，李煜写给小周后一首《菩萨蛮》：

菩萨蛮

[李煜]

花明月暗笼轻雾，今宵好向郎边去。

划袜步香阶，手提金缕鞋。

画堂南畔见，一向偎人颤。

奴为出来难，教君恣意怜。

我认为，若没有那些悲惨的遭遇，李后主可能也就是一个写花间派词的高手，终将淹没在文学史的长河中。只能说造化弄人。

二、三明治

人生就像三明治，酸甜苦辣交织在一起。

若是人生三件事不能兼得，我们该如何对其进行排序？

把乐做之事排在第一位的，以不爱江山爱美人者为典型。国外有英国国王爱德华八世为迎娶心爱的人而主动退位；中国有周幽王烽火戏诸侯，只为博妃子褒姒一笑。这类人认为，人生苦短，要及时行乐。梁启超说，人活着的目的就是寻找乐趣。若是没有乐趣，人生究竟还有什么意义？然而“奶头乐理论”[①]告诉我们，若是纯粹将享受放在第一位，我们很容易成为商业机构的目标。一些智能手机的应用程序会精准计算我们的偏好，推送定制化的信息。如果我们沉溺于此，就会像婴儿含着一个奶瓶一样，娱乐至死。

英国作家威廉·萨默塞特·毛姆（William Somerset Maugham）在《月亮与六便士》一书中说，一般人都不是他们想要做的那种人，而是他们不得不做的那种人。他还说，为了使灵魂宁静，一个人每天

① “奶头乐理论”是指用令人陶醉的消遣娱乐和充满感官刺激的产品填满人们的生活，转移其注意力和不满情绪，令其沉浸在“快乐”中，不知不觉丧失思考能力。

要做两件他不喜欢的事。

欧洲管理学大师弗雷德蒙德·马利克（Fredmund Malik）在《管理成就生活》一书中说，没有什么工作是真正快乐的。所有工作都有不快乐的部分，为了享受工作带来的快乐，我们首先得忍受那些不快乐。

想一想我们每天所做的那些事，有些事有必要做，有些事没有必要做。而究竟有没有必要做，我们从不同的角度出发得出的结论并不相同。有些事我们喜欢做，有些事我们讨厌做。但现实却不像威廉·萨默塞特·毛姆说的那样乐观，我们常常为了做一件喜欢的事，不得不做九件不喜欢的事。有些事我们擅长做，能带来正反馈；有些事我们不擅长，屡战屡败，又逃无可逃。所有这些事混杂在一起，让我们悲欣交集，我们只能用一句话来安慰自己："怕什么真理无穷，进一寸有进一寸的欢喜。"

更复杂的是，人在成长过程中，喜欢的事情会变，对什么应当做、什么不应当做的认识也会变，擅长做的事情也会变。这才是真实的人生。

三、三件宝

人生虽然不易，但少数有大智慧者可以突出重围。例如，王阳明的研究者说，王阳明有三宝，一曰尽，二曰得，三曰常快乐。

在王阳明看来，做事分为三重境界：自尽于心、自得于心与自快于心。自尽于心，是指一件事情，无论是你自己要做的，还是别人要求你去做的，你都尽力去做了。自得于心，是指在做事的过程中，用心去思考，不断反思、不断总结，有心得体会和诀窍秘籍。自快于心，是指做的事情能给自己带来快乐。

这三重境界，分别对应了前文所述的人生三件事：应做之事、擅做之事、乐做之事。在王阳明看来，三者是统一而递进的关系，即把应做之事做到自尽于心、自得于心和自快于心。王阳明认为，做事就是修心。知行合一，这是圣人的境界。

儒家所崇尚的圣人要达到“三不朽”的标准——立德、立功、立言。这个标准太高，在我看来，我们可以给孩子制定一个弱化版的“三不朽”标准：立志、勤学、自省。

立志对应立德。我们得让孩子从小明白，人有小我与大我，小我指向乐做之事，大我指向应做之事，有志之人可将二者和谐统一。从小我至大我，孩子依次要经历兴趣、乐趣、志趣的发展过程，当兴趣成了志趣，孩子的境界就开阔了。

勤学对应立功。“宝剑锋从磨砺出，梅花香自苦寒来。”孩子有了强烈的个人成就动机，想要实现远大抱负，才能不畏艰险，持之以恒地努力。

自省对应立言。成长是发展自我认知的过程，唯有通过不断自省，孩子才能正确认识自己，看清自己的长板和短板，知道自己真正喜欢的是什么，真正擅长的是什么，如何将二者合二为一。自省的最好方式就是写日记，总结成长的智慧。那些名言警句很多都是圣贤对自己坎坷人生的反省。

四、结语

当年王安石变法，真正的主导者是宋神宗。变法受阻时，宋神宗内心焦虑；后来，因为用兵失利他想要斩一漕臣，亦被众人阻止。于是，宋神宗发出千年一叹：“快意事更做不得一件！”由此可知，上至帝王下至庶民，都不能随心所欲。

教育的本质是帮助孩子获得清晰的自我认知。获得自我认知何其难也，多少人成年后一直浑浑噩噩，不知道自己应做之事、擅做之事、乐做之事究竟是什么。

有的家长被孩子的教育问题所困，对孩子爱恨交织，却不知作为家长，首先应做之事也是获得清晰的自我认知。别人会帮助你认清自己吗？不会。这个世界上唯一能够直言不讳地指出你问题的人，不是别人，正是你的孩子，而且也只能是在他们年少不懂事的时候。在他们长大懂事后，你就更加没有机会认清自己了。

（*2020* 年 *10* 月）

决定孩子未来的，是他们在闲暇时间做什么

2019 年 2 月科幻电影《流浪地球》上映。有人在观影之后说，好莱坞的制作水准也不过如此。影片中传递的中国文化及价值观更是引发观众热议。没想到我们讲了好多年的文化自信，在一部科幻电影中得到了充分的体现。

一、“不务正业”

电影《流浪地球》改编自同名小说，其作者刘慈欣是中国知名科幻作家。2015 年 8 月刘慈欣的《三体》获世界科幻大会颁发的雨果奖最佳长篇小说奖。刘慈欣于 1963 年出生，1985 年毕业于华北水利水电学院（现为“华北水利水电大学”）。毕业后，他进入山西娘子关电厂担任计算机工程师。刘慈欣的主业是工程师，写科幻小说乃是业余爱好。如今娘子关电厂异地重建，原厂区计划打造娘子关旅游科幻城和科幻影视基地。娘子关为万里长城的著名关隘，唐太宗李世民的姐姐平阳公主曾率兵在此驻守，因此得名。今天的娘子关因为刘慈欣将再次改变。

与刘慈欣一样“不务正业”而“无心插柳柳成荫”的还有另外一个人。十几年前，一个叫石悦的公务员在业余时间通读明史，写成系列历史小说《明朝那些事儿》。这套书于 2006 年开始出版，总销

量突破 1000 万册，成为明史领域最畅销的书之一。今天，作者的本名少有人知道，但是作者的网名“当年明月”却如雷贯耳。石悦从小喜欢历史，十几岁时读成卷的文言文史书，乐此不疲。考上公务员之后，他白天在单位工作，晚上花 4 至 6 个小时创作。最终，《明朝那些事儿》在天涯论坛横空出世。

二、闲暇时间

家长都非常关注孩子在学校里的表现，然而孩子闲暇时间做些什么，才真正决定着孩子的未来。

胡适先生曾说，看一个国家的文明，只需考察三件事：第一看他们怎样待小孩子；第二看他们怎样待女人；第三看他们怎样利用闲暇的时间。

爱因斯坦也说：“人的差异在于业余时间，业余时间生产着人才，也生产着懒汉、酒鬼、牌迷、赌徒。由此不仅使工作业绩有别，也区分出高低优劣的人生境界。”

三、一万小时定律

平和的一名小学生英语非常好，水平比同班同学高出许多。英语老师很喜欢她，但上课时也特别谨慎，因为只要一出错就很可能被她指出来。

她的父母介绍说，女儿小的时候，他们在家里有时候用英语讨论工作，无意间营造了家庭的语言氛围。终于有一天，女儿说：“你们刚才在说什么，我都听懂了。”他们在家里的休闲时间从不看电视，不用平板电脑，而是阅读和工作。女儿因此也养成了阅读的好习惯，英文书和中文书的阅读量都很大。这种休闲时间的学习积累起来，结果可想而知。

中央广播电视总台财经节目中心、国家统计局等曾联合发起“中国经济生活大调查”，结果显示，除去工作和睡觉，2017 年中国人每天平均休闲时间为 2.27 小时。如果一个人每天利用两小时的休闲时间做同一件事，那么，累积不超过十四年就能达到一万个小时。根据“一万小时定律”，任何一个人都有可能通过一万小时的锤炼，从平凡人成为世界级大师。

四、闲暇时间做什么

孩子在闲暇时间做什么，对孩子的未来至关重要。家长需要关注两点：一是有兴趣，二是有价值。

有兴趣，指孩子喜欢做、愿意做，在做这件事情的过程中能获得乐趣。因为有乐趣，孩子做事情才能做得长久，最后进入自动状态。做这件事成为他的习惯后，他根本不需要消耗意志力来坚持。

有价值，指孩子做这件事情后能力会得到提高，而且随着时间的推移，能力会越来越强，即所谓“价值递增”。

那么，哪些事情值得孩子去做呢？

闲暇时可以做家务。孩子经常做家务等力所能及的小事，能培养他的责任心及担当精神。不仅穷人的孩子需要早当家，所有孩子都需要通过承担责任来获得成长。美国哈佛大学的一项研究表明，孩子从小做一点儿家务，如整理自己的房间、洗碗、扫地，甚至参与家庭事项的决策等，未来在职场中会更有成就。

闲暇时可以参与体育运动。体育运动对孩子尤其是男生的成长具有极大价值。都说身体是革命的本钱，健康强健的体魄也是父母给孩子极好的礼物。

闲暇时可以广泛阅读。阅读可以改变孩子的精神气质，也决定了孩子未来的朋友群体。不同的人群有不同的谈资，三五个好朋友在一起时，可以谈天文地理、建筑设计，也可以谈文化、哲学、历史。志趣相投的人才能成为长久的朋友。

闲暇时可以练习才艺。比如，学习绘画、跳舞、声乐等。孩子在艺术方面有一技之长，不仅能培养艺术气质，更能提升审美眼光与生活品位。

闲暇时可以思考。有些孩子喜欢胡思乱想，有些孩子则喜欢创作，家长都应该鼓励。写日记、写小说都是在做思想体操，本质上是对思考能力的提升与锻炼。

（2019 年 3 月）

孩子有哪项品质，才能有幸福的人生

我这次想跟大家分享一个很现实的话题，这个话题关乎孩子能否有幸福的人生。我要讨论的不是一个人应该做什么、怎么做，而是为什么：为什么要去做那些事？为什么要过坎坷却有意义的一生？

我先从一个触目惊心的例子说起。

一、三和青年：只图一时快活

“三和”是什么？“三和”是一个地名，准确地说，是一个人才市场的名称。三和人才市场位于广东省深圳市龙华新区，这个市场聚集了很多找工作的年轻人。

来“三和”找工作的年轻人被称为三和青年。2020 年 7 月出版的一本书《岂不怀归：三和青年调查》讲述的就是这群人的故事。和其他来深圳的打工族不同，三和青年通常只做日结的工作。他们的口号是“干一天玩三天”。为什么是“干一天玩三天”呢？因为一天的收入够他们三天的开销。三天后没钱了，再去找活儿干。

工厂里的活儿不大可能日结，送快递、在工地上做工、做保安是比较常见的可以日结的工作。工地的活儿收入最高，但劳动强度大，不受欢迎。相对而言，做保安一天可以挣 130 至 160 元，虽不算多，但轻松舒适，是最佳选择。

赚的这一百多块钱，该怎么花呢？首先是住。租一个床位睡一晚只要15元，单间要30元一晚；除此以外，还可以去网吧，一小时1.5元，通宵只要8元。然后是吃。一碗肉丝面4元，一瓶2升的矿泉水2元，西瓜每片1元，香烟每根0.5元。最后是穿。衣服几元一件，几个月不用洗。大家算一算，一百多块钱玩三天究竟够不够？

有些三和青年已经身无分文，但还是不想工作，或者一时没找到日结的工作，就会考虑卖仅剩的三样东西：身份证、微信号以及手机。这些东西也只能卖几十元最多上百元。一旦卖掉，那真是什么都不剩了，就成了“三和大神”。成了大神，就意味着他们与家人朋友断绝了联系。他们只能整天在网吧游荡，混吃等死，过一天算一天。

三和青年为什么会走到这一步？原因很简单，他们大多在工厂里打过工，但与父辈相比，他们自我意识更强，不愿意吃苦。那些劳动密集型企业提供的工作通常机械无聊，且规矩严格，如不许抽烟，上厕所要请假，迟到要被扣工资，经常长时间加班，等等。做这种工作能挣到一点儿钱，但不会太多。在这样压抑的环境里待久了，他们便开始向往能够有一点点自由和自主。三和的文化恰好满足了他们的内在需求，三和青年便诞生了。

看上去三和青年离我们很遥远，但环顾周边，我们会发现比三和青年更糟糕的人比比皆是。“三和大神”至少不依靠别人，不依靠政府，自己挣自己花。那些宅在家中，靠救济、啃老为生的年轻人手脚健全、身强体壮，可是连自食其力都做不到。

这些年轻人可能以前读书时也循规蹈矩、遵章守纪，甚至还得过老师奖励的小红花，为什么成年后却自暴自弃、得过且过？我在一本书里找到了答案，这本书就是《内在动机：自主掌控人生的力量》。

二、有效激励：不要依赖奖励

在今天的学校教育中，奖励无处不在。有些学校甚至使用代金券或者校园币，直接将奖励物质化。

美国心理学家罗伯特·怀特（Robert White）是学术史上第一个对奖励提出质疑的人，他在1959年提出："在发展能力中，比起只通过满足基本生理需求进行奖励，任何动物都会更多地受到好奇心和兴趣的驱使。"①

《内在动机：自主掌控人生的力量》一书的作者爱德华·L. 德西（Edward L. Deci）在1971年发表的论文中，成功地用实验证明了金钱等外部奖励会对人的内在动机产生伤害。

还有许多实验也同样证明了这一点。实验人员找来了一群孩子，将他们分为三组。第一组孩子被告知，如果他们按要求画画，就会得到奖励（一张特别的卡片）；第二组孩子不做任何处理，没有奖励；第三组孩子事先并不知道会获得奖励，结果获得意外之喜。几周之后，实验人员又给这些孩子分发绘画材料，这一次不给任何孩子奖励。结果发现，期待奖励的孩子对绘画的兴趣远低于不期待奖励的孩子。

这个结果在多个实验中重复得到确认。20世纪90年代，"奖励是否有害"引发心理学界的激烈争论，心理学家分成两派，发表了大量针锋相对的论文。争论的结果是认为奖励有害的爱德华·L. 德西一方完胜。越来越多的人认同外部奖励会削弱内在动机。

① 德西，弗拉斯特. 内在动机：自主掌控人生的力量[M]. 王正林，译. 北京：机械工业出版社，2020：推荐序二.

三、内在动机：自主掌控人生

过了十八岁生日，青少年就成年了，这意味着他们要独自面对许多困难。那么，支持他们克服种种困难负重前行的驱动力究竟是什么？

驱动力大致分为两大类：外部控制与内在动机。外部控制是外驱，内在动机是内驱。

所有企业管理人员都在思考一个问题，即如何驱动员工前行。大多数管理行为属于外部控制，外部控制无外乎两种形式——胡萝卜加大棒。胡萝卜是奖励，大棒是惩罚。

在家庭教育中，许多家长不由自主地想控制孩子的行为。面对控制，孩子会表现出两种态度：一种是顺从，另一种是反抗。有些人家鸡飞狗跳，那是孩子在反抗；有些人家风平浪静，家长不要高兴得太早，要看孩子是否在远离父母，远离是另一种更为可怕的反抗。

真正有效的激励来自内部，所以家长应专注于激发孩子的内在动机。

人有三种内在的心理需求：自主、胜任和联结。

自主，指人希望成为本源，而不是棋子；胜任，指人希望所做的事情在自己能力范围之内，即便面临挑战，通过努力也可达成；联结，指在自主与胜任的同时，感受到与他人的联系，如爱与被爱、关心与被关心。当这三种内在的心理需求尤其是自主的需求被满足后，内在动机就可能被充分激发。

奖励作为一种外部控制手段，虽然有效，但作用仅体现在短期内。从长期看，支撑孩子走过漫漫一生的还是其内在动机。从某种意义上来说，外在的奖励恰如一杯毒性较弱的毒酒，喝了之后你能感受到兴奋，若是产生依赖，你最终会产生惰性。

平和特别注重培养学生的自主精神，因为我们深知，帮助孩子过幸福人生的最重要的品质就是自主。

四、准确定位：教育恰似农业

那么，如何激发孩子的内在动机，培养孩子的自主性呢？爱德华·L. 德西给出了五条建议。

第一条建议：提供选择。

家长常常对孩子说，这件事没得选，必须要做。是的，人生很无奈，有些事必须要去做，但选择总是有的。即便做什么事无法商量，怎么做总可以选择。给孩子选择，让他们有控制感，是培养其自主性的重要一环。

第二条建议：设定界限。

支持自主不等于纵容，任何人都不能为所欲为。自由的前提是规则，自主的前提是设定界限。如果越界，要受到惩罚。这个惩罚是事先约定好的，其目的并不是控制，而是培养孩子的责任感。孩子可以自主做决定，但必须承担此决定带来的一切后果。

第三条建议：确立目标。

人应有长期目标，而这些长期目标又需要被划分为一个又一个短期目标。家长要帮助孩子确立目标，并且明确评估手段。所确立的目标要切合孩子的实际，可以略高于孩子的实际能力，让孩子感受到一种胜任感与成就感。

第四条建议：给予认可。

孩子实现了目标后，家长给予积极的反馈是很重要的。奖励与表扬都是表示认可的方式，在一定的情况下作为辅助手段使用也未尝不可。只是家长要牢记它只是一种外在手段，让孩子获得胜任感与归属感是比奖励更好的认可方式。

第五条建议：识别障碍。

孩子的教育过程很复杂。每一个孩子都是独特的个体，有些原则适用于大多数孩子，但可能并不适用于某一个孩子。此外，教育者个人对教育的理解也有偏差，并且每个孩子遇到的障碍可能各不相同，我们应仔细辨析，不可一概而论。

我总是建议家长培养孩子的自主能力，但有的家长说，自己给孩子自主空间了，但孩子的表现还是不理想。我会告诉他们，教育不是工业，而是农业。如果是工业，只要你工具齐全、流程正确、付出努力，就能打造出一个产品。农业就不同了，你种下一粒种子，并不能保证一定会有收获。

家长要明确自己的角色是顾问、配角，主角是孩子。成长是孩子自己的事。每个人的人生都由自己做主。

五、自主人生：一生永不妥协

最近有一位喜剧演员重新回到了我们的视野，他就是陈佩斯。他的人生极具戏剧性。

在赵本山之前，陈佩斯是央视春晚的台柱，他和朱时茂合作的喜剧小品给一代人带来无尽的欢乐。

陈佩斯的父亲陈强也是一位著名喜剧演员。1950 年，在陈强随中国青年艺术代表团到匈牙利首都布达佩斯演出期间，大儿子出生，取名陈布达。4 年后，小儿子出生，顺理成章叫陈佩斯。陈佩斯小时候非常顽劣，考试几乎门门不及格，老师常常告状，陈强就拿鸡毛掸子对着陈佩斯一顿揍，可是越揍陈佩斯越叛逆。后来陈强偶然发现陈佩斯喜欢表演，就有意栽培他。

陈佩斯第一次上春晚是1984年，他的小品《吃面条》一炮而红，从此之后，小品逐渐取代了相声，成为春晚中的压轴节目。而陈佩斯与朱时茂的多个小品如《主角与配角》《警察与小偷》等成为经典，当年我百看不厌。

陈佩斯个性率真，忠于艺术，但也正是由于他对自己作品的不妥协，导致他的艺术生涯并非一帆风顺。到了1999年，他从大众的视野中彻底消失了。

陈佩斯的妻子存了一笔钱，承包了一座荒山，两个人在山上种水果。陈佩斯不安分，惦记着艺术创作，回北京演话剧。经过一番磨难，终于在话剧舞台上站稳脚跟。

2020年，陈佩斯66岁了。这一年的10月26日，央视春晚官方账号重磅宣布，陈佩斯将回归央视，在央视重点打造的综艺节目《金牌喜剧班》中担任金牌导师。一石激起千层浪，陈佩斯的故事又成为热点。

当年也曾有人劝陈佩斯退一步海阔天空，陈佩斯却坚持自我，“咬定青山不放松”。朱时茂评价他：“他太倔，太认死理。”有人问陈佩斯是否后悔。陈佩斯说，不后悔，妥协的人生多半不如意。

凡事架不住追问。今天我们跟孩子说，要好好读书，考上好学校。然后呢？找个好工作。然后呢？拿一份好薪水。再然后呢？过幸福的一生。如果道路都是别人设计好的，我们只需亦步亦趋、随波逐流，能有幸福的一生吗？从某种程度上说，我们每个人都要在人生的夹缝中追寻一点点自由与自主。

六、浪迹天涯过一生

1587年，今江苏省江阴市的一户徐姓人家生了一个儿子，取名徐弘祖。和其他读书人家的孩子不同，徐弘祖不想参加科举考试，不想光宗耀祖，只想做一件事——玩儿。而且他胆子极大，逢山就爬，遇河就下。家里人让他参加科举考试，他死也不去。幸运的是，父母并没有强迫他，而是给他钱，让他玩儿。徐弘祖一生游历，写了两百多万字的笔记，后人搜集了流传下来的几十万字，编成了一本书。徐弘祖号霞客，于是这本书被命名为《徐霞客游记》。

石悦在《明朝那些事儿》的大结局中专门用了一章讲述徐弘祖的故事。有人问他，为何在《明朝那些事儿》的结尾花这么长的篇幅写一个万历年间出生的人。石悦回答："我之所以写徐霞客，是想告诉大家，所谓百年功名、千秋霸业、万古流芳，与一件事情相比，其实算不了什么。这件事情就是，用你喜欢的方式度过一生。"

（*2020* 年 *12* 月）

自由的下一代

一、一个毕业生带给我的启发

在一次私人聚会上，我见到了J同学，他刚刚结束大一的学习，从美国回来。他的眼神一如既往地忧郁，然而脸上的笑容却比以往多。坐在我们这些教育者中间，他并不胆怯，也不无聊，而是专注地听我们聊天，偶尔发表一些观点。

我认识J同学时，他已经在学校小有名气。上高三时，他申请了美国七所顶尖艺术院校，拿到所有学校的录取通知，其中有几所学校特别看中他，愿意为他提供奖学金。和大多数艺术系学生不同，J同学擅长摄影，且入行很晚，却在很短的时间内达到很高的成就。

J同学曾经主动来找我，向我请一周的假。我问他请假做什么，他说去云南采风。我有些吃惊，仔细地看他递过来的计划书，每一天的行程、创作主题、构思皆一目了然。我问他高中部校长的意见是什么，他回说："他们说兹事体大，得校长定。""好吧，我同意了。"我爽快地说，迅速签完字。如此顺利，J同学觉得不可思议。

后来，J同学的妈妈来学校找我，感谢我的宽容与支持。我说："看了你儿子的计划书，我觉得不让他去是渎职，那一周他的收获一定远大于他在课堂的学习。我没有理由不同意。"我们交流了彼此对教育的看法，我了解到J同学的母亲在一所教师进修学校工作，被同行认为思想有些另类。她跟我讲述了J同学在高中阶段的转变，感谢学校为孩子创造了一个好的成长环境。让我印象深刻的是，她还应J同学的强烈要求，帮他找了一位国学老师，一对一讲授中国传统文化。J同学和那位国学老师一见如故，那几个月的学习让他获益良多。

在聚会上，我问J同学："你说说看，在平和读高中的三年里，你最大的感受是什么，用一个词来概括。"问这个问题时，我心里已经有了一个答案。

J同学微微抬起头，几乎不假思索地缓缓说道："如果用一个词概括的话，应该是自由。"说这话的时候，他的眼中闪烁的是自由的光。我的汗毛竖了起来，我心中想的词也是自由！J同学就坐在我的旁边，我拍了拍他的肩膀说："你和校长想的一样！"

在座的人颇受震动，有人问J同学："如果用一个词来描述你的初中生活呢？"

"噩梦。"他淡定地说。举座皆惊。他解释说，其实初三之前还好，但初三那年换了一位班主任。这位班主任抓得非常紧，经常罚写罚抄，对成绩不好的学生，言语上极尽羞辱。

席上一片沉默。

作为校长，我时常面临来自家长的稀奇古怪的质疑。例如，同一个时间段内，会有家长反映老师管得太紧，也会有家长反映老师管得太松。有一次，一位家长提醒我说，有家长议论说，学校现在抓得比以前紧，是不是因为换了新老师？我哑然失笑，怎么可能？学校近期没有换老师，并且我最近一直在要求老师们要更多地关注学生综合素质的发展，减少应试训练呢！

但面对另一群家长的质疑，我却笑不出来。他们的孩子刚刚进入平和高中部，大约是因为平和的老师与初中阶段老师的教学风格反差过大，家长普遍不适应。一些焦虑的家长不能接受学生在学校里有闲暇时间，他们希望看到整齐划一的课堂，希望看到学生在课后做与学习有关的事，希望看到晚自修老师监督学生在教室里安静地自习。“你们的校长和老师不作为，是在误人子弟！”一位家长愤怒地说。“将来你的孩子去国外读书，谁来管他们呢？”我问。

如果孩子注定要迷茫，要经历迷失方向、重新认识自我的阶段，我倒宁愿他们在读大学之前完成这个过程。平和的高中生在毕业之前大都有过这样的心路历程，在自由的环境中，他们有过更多选择、更多体验，也有过更多放纵、更多反思。他们与同学有更多的交往，对自我有更深刻的洞察。家长认为孩子在发呆，我却认为他们在内省。尽管孩子们顽皮，有时也懒惰，但我在他们毕业时看到的更多是自信、坚定。

若选择不自由，则成长无实际的效果。

二、自由的下一代

我一直在思考未来的教育是什么样子，未来的学校是什么样子。在移动互联网时代，许多人都在做预测。做预测很难，需要想象力。而今天大部分人缺乏的正是想象力。

在教育同行看来，我稍稍有一些不同，我不像一个传统的校长。“你的胆子有点儿大呀，居然说体育是排行第一的核心学科。”有一次，一位教育者对我说。

我想起自己的经历。我从综合性大学毕业，没有接受过师范教育，刚上讲台时手足无措，对如何做教师毫无概念。我不但起点低，而且经历了很多挫折。但在经历了最初几年的痛苦挣扎后，一旦我立住脚跟，教育的世界在我面前反而变得宽广了。

我想起电视剧《汉武大帝》中的一个场景。汉武帝重用未满 20

岁的年轻将领霍去病。霍去病采用闪电战，亲自带领数百骑兵，狂奔几百里突袭匈奴老巢。群臣对此战法闻所未闻，担忧不已，汉武帝却大手一挥，豪迈地说："骠骑将军天生富贵，没有约束，怎么打都赢！"骠骑将军就是霍去病。那一次，他果然立下奇功，出其不意，攻其不备，大获全胜。匈奴人不是号称快吗？霍去病比匈奴人更快！

中学老师 W 提到知名教师王开东撰写的一篇文章《教育松绑，方出大师》。

古希腊伟大的历史学家希罗多德（Herodotus）曾经这样描述奴隶们修建金字塔的场景：每 10 万名奴隶分成一组，每组轮流工作 3 个月。因此，后人皆认为，金字塔是奴隶建造的。

后来，考古学家在金字塔附近发现数百座坟墓，对其中的人骨进行分析，发现这些坟墓中的人不但有做过外科手术的痕迹，更有孕妇与胎儿。如果这些人就是建造者，他们怎么可能是奴隶呢？

王开东在文章中说，早在 1560 年，瑞士钟表匠塔·布克就公开质疑金字塔是奴隶建造的结论。他根据自身制作钟表的体验，得出大胆推断：金字塔这么浩大的工程，被建造得那么精细，各个环节被衔接得那么天衣无缝，建造者必定是一批怀有虔诚之心的自由人。难以想象，一群有对抗思想和懈怠行为的奴隶，会让金字塔的巨石之间连一片小小的刀片都插不进去。

大学老师 Y 点头说，他也读过这篇文章，金字塔的建造者不是奴隶已经有定论。2003 年，埃及最高文物委员会宣布：通过对吉萨附近 600 处墓葬的发掘考证，金字塔是由当地具有自由身份的农民和手工业者建造的。这引来一片唏嘘。

现在的学校教育和以前相比，是进步了还是退步了？这是我最后抛出的问题。

今天我们教育界讨论最多的是创新。创新最需要的土壤是自由。

没有自由的时间，没有自由的选择，没有自由的兴趣，没有自由的意志，怎么可能有创新？被禁锢久了、安排久了、训斥久了，人就会渐渐丧失自由思考的能力。如果以自由为指标来做比较，现在的教育无疑是退步了。

中学老师W点头表示同意，说：“我的母校是上海一所市重点中学，我记得我上学的时候学校有很多社团，学生放学后全部参加社团活动，我们有很多自由支配的时间。学校和学校之间还经常有各种比赛，我还常常到少年宫打乒乓球。而现在我都不愿回母校，我觉得母校的自由精神已经丧失了。”

大学老师Y说：“大学倒是自由的，可是很多学生反而不知所措。尤其是那些一直只知道读书的学生，成了大学老师的难题。有的硕士生、博士生除了读书啥都不会，心理还极度脆弱。”

自由是一个永恒的话题，人人都追求自由，然而人人都不自由。哲学家说自由分两种：一种是可以去做什么的自由，还有一种是可以不做什么的自由。后一种更难。人在江湖，身不由己。至于退出江湖，古往今来，达到这种境界的人寥寥可数。

我对我国教育的前景一直很乐观，其中一个重要的原因是，随着自媒体的普及，自由思考的人越来越多，被启蒙的人越来越多。尽管对学校教育的质疑很多，但质疑声越多，越说明社会的进步及教育的进步。问题被呈现出来后才有可能被解决。我们的下一代，将是充满希望的一代。

（*2015*年*7*月）

把两种截然不同的品质集于一身，你的世界就开阔了

一、中西教育的差异

我以前教过的一位学生来看我。他在平和读完初中后，去加拿大读了高中。他读的本科学校是美国排名前 20 的大学之一，并且他拿到了该校的全额奖学金。这位学生是我当年的得意门生，他数学一直考满分。我是数学老师，他是我选定的数学课代表。

他告诉我，他本科毕业后去另一所著名的大学读了 MBA（工商管理硕士）。我问他为什么读 MBA，他说他曾和他的一位同学去应聘一家世界知名公司，那位同学很容易就被录用了，而他一开始并没有被录用。后来，他通过朋友认识了那家公司的高级副总裁，才有机会跟他的同学一起在这家公司实习了几个月。在实习快结束的时候，那位高级副总裁告诉他："当初面试的时候，你的同学表现比你好，但是如果今天公司要选择一位留下来，我会选择你！"

我问："你对这件事有什么看法？"他说他后来反思自己，觉得自己的性格比较内向，而他的那位同学的性格恰恰很外向；所以，在面试的时候，他的同学可以在很短的时间内把优点展现出来，而自己则无法在一开始的时候就给别人留下深刻的印象。认清这个缺点以后，他就想到可以通过读 MBA 来提升自己。我问："你现在读完了感觉怎么样？"他说："我觉得不错，我的性格比以前开朗多了，领

导力也增强了。”我问他：“你对未来有什么打算？”他说可能在美国待两年，最终还是要回国。我当时就鼓励他这么做，我也希望平和其他出国的学生将来都能学成归来，报效祖国。

中国的孩子在美国的发展会遇到天花板，这是一个客观存在的现象，很多人讨论过这个现象背后的原因。我个人认为可能的原因是中国人的性格比较内敛，我自己也是一个蛮内向的人。

在我大学毕业前一个月，学校领导召开座谈会，很多同学都发言了。最后，校领导问还有没有同学想发言。实际上，在整个过程中，我的内心是挣扎的：我很想发言，把想说的话在心里重复了很多遍，但还是不敢举手。一位校领导说：“如果没有人发言，我们这个座谈会就结束了。”在最后一秒钟，我举手了。

今天，我已经不记得当时说了什么，只是觉得那一刻的我很勇敢。我能够在毕业之后到学校当老师，站在讲台上，跟我毕业之前的那次发言有关系。因为我发现：原来我不是不可以在公共场合发言的。但是，坦率地说，这些年，我一直在跟我内向的性格做斗争。

说到内向和外向，内向真的不是一个好的性格特点吗？外向真的是一个很好的性格特点吗？这是我常常问自己的问题。当然，也有人说，中国人内敛的性格跟中国的文化有关系，跟中国的教育有关系。

我在平和工作很多年了，平和走的是融合中西教育的道路。我发现，中西方教育是存在较大差异的。比如，西方教育更加强调兴趣，中国教育更加强调训练。再比如，我们有时用“食指”来描述有的中国家长的教育——孩子考了 90 分，不值得表扬，因为还有人考了 95 分；即便孩子考了 95 分，也不要高兴，下次能不能考 100 分？西方教育则倡导“拇指教育”——考 60 分，好；考 40 分，好；考 20 分，好；考 0 分，好；知识不重要，性格才重要！

中国的教育更强调实用性，我们有很多古训教导孩子：“吃得苦中苦，方为人上人。”“书山有路勤为径，学海无涯苦作舟。”西方教育倡导孩子去探索兴趣，探索创新。当然，我们也越来越重视兴趣和创新。

学习是快乐的还是痛苦的？西方人认为学习是快乐的，中国人认为学习大多数时候是痛苦的。复旦大学钱文忠教授有一个论断：教育里面一定有痛苦的成分。

二、量子的世界

我曾参加过一个年会，做过一次发言，主题是学校文化建设。我介绍了自己在平和校园文化建设方面的一些做法，比如，打造学习共同体，在管理上去行政化，注重激发所有教师员工和学生的内在积极性，关注学校的非正式群体，等等。发言结束之后，有一位嘉宾说：“你讲得很好，讲的是现在非常热门的量子管理的方法。”我确实读过一些量子理论，其中有两点让我印象深刻。

第一，我们这个世界究竟是有秩序的还是混沌的？有的人认为，这个世界是有秩序的，是机械的。特别是在牛顿描述的世界里，我们可以借助一个支点撬动地球。事实上，大家知道，牛顿描述的世界只是真实世界的一个方面，我们生活的环境中存在着大量的不确定性。比如，一张台球桌的桌面上有十几个球，如果有一个机器人每次击打处在相同位置的白球，并且可以保证每次击打的角度和力量都不变，几次击打之后，台面上的一些球的位置可能完全不一样。为什么？因为初始状态一点儿小小的偏差就会对结果产生影响，甚至台面上的一粒灰尘、空调风向的变化等都可能对球的走动位置产生微小的影响。比如，我们常听到的“蝴蝶效应”。混沌的形状是什么？大家可以观察漩涡，一条小溪里有一块小石头或者一根小树枝，水流过它们时就会产生漩涡。漩涡是混沌的一个很有意思的直观呈现。每个漩涡的形状都不同，每个漩涡每时每刻都有微小的变化，因为形成漩涡的水流在变，但是构成这个漩涡的自组织形态相对来说比较稳定。

一个星期五的傍晚，我在平和的校园里漫步，突然间有点儿感伤。我在这所学校里待了20年。20年间，这所学校的校园环境，比如硬件设施发生了很大变化，90%以上的老师都是新人，学生也完全不一样。我问自己一个问题——现在的平和还是以前的平和吗？用机械的观点来看，无疑是不一样了，但是用混沌的方法思考，它还是那所学校。就像我们的身体每天都会更新细胞，并且我们身体里大部分细胞的更新周期不超过7年，但我们仍是自己，没有变成别人。

第二，量子的世界是兼容并包的。有一个广为人知的例子——光的波粒二象性，即光既可以表现出波的性质，也可以表现出粒子的性质。

量子力学里还有一个著名的思想实验——薛定谔的猫。一只猫被关在装有少量镭和氰化物的密闭容器里，若镭发生衰变，则会触发机关释放出氰化物毒死猫。因为镭具有处于衰变和没有衰变两种状态的叠加的特性，所以这只猫既可能是活的又可能是死的。只有当我们打开容器，观测到这只猫的时候，这只猫才只能处于一种状态。非此即彼是牛顿式的思维，在真实的世界里，一个人既可以是此也可以是彼，既可以是君子也可以是小人。

我们回过头来，用量子力学来分析我们之前的很多困惑。比如，关于内向这件事。我最近读的很多文章提到内向的人更有优势，还有文章提到，未来内向的人更有可能成为真正的领导者。因为内向的人至少有三点优势：一是专注倾听，二是审慎细心，三是持久坚韧。

比如，关于中国的教育问题。如果大家关注新闻的话，会发现近几年由于上海学生在PISA测试中的优异表现，上海的基础教育已经成为世界基础教育的中心话题之一。一些西方国家，特别是英国，对上海的基础教育推崇备至，甚至派小学数学老师到上海来取经。有一位外国的历史教授办了一所完全采用中式教育的学校。今天，中国的经济地位上升了，我们作为教育者更有教育自信和文化自信了。不少外国人对《孙子兵法》感兴趣，认为书中的“始如处女，敌人开户，后如脱兔，敌不及拒”这句话太棒了。他们认为中国古人有量子思维，可以把两种截然不同的品质集于一身。

“为什么我们的学校总是培养不出创新型的杰出人才？”这就是“钱学森之问”。我曾邀请北京大学艺术学院名誉院长叶朗来平和做讲座，我有幸跟他共进晚餐。在提到“钱学森之问”时，他说钱学森其实是有答案的，那就是技术与艺术的结合。我也请过曾任中央音乐学院副院长的周海宏教授做讲座，他的讲座主题是理性思维和感性思维的结合。我觉得他们的观点其实有异曲同工之妙。

著名经济学家钱颖一提出了一个公式——“创造力等于知识乘以好奇心和想象力。”知识当然很重要，人若没有基础知识便不可能有创造力。西方教育界在观察中国基础教育时，也充分认可了我们在必要的知识储备、基本技能上所做的教育方面的努力，比如上海小学生能熟记九九乘法口诀表。如果学生回答十以内数字的乘法计算题都要借助计算器，何谈创新？

同时，我们也要清醒地看到中国基础教育的问题。随着年龄的增长，孩子的好奇心和想象力消退得很快。对照钱颖一教授的公式，中国孩子创造力的顶峰在哪里？我觉得孩子的创造力曲线就像一条抛物线，随着年龄的增长，孩子的知识总量在增加，但好奇心和想象力有一定程度的减少，创造力会在某个时间段达到最高点。这个最高点会在哪个时间段出现呢？我目前的答案是初中，最晚在中考之前。中考对我们孩子的好奇心和想象力有一定破坏。学生为了中考不失分，必须按照标准答案的模式来进行答题，还要训练一整年。

袁振国教授有句话叫作“未来已来”，科技的快速发展需要教育及时做出相应的改变。所以，谈孩子的培养目标也好，谈孩子的核心素养也好，我们一定得有与以往不同的表述、不同的理解。

谈到学生的核心素养，芬兰的基础教育一直是我们的学习目标，芬兰一直走在教育改革的前沿。芬兰提出学生有七个核心素养：思考与学会学习，文化素养与互动表达，多元读写能力，信息通信技术能力，照顾自己与管理日常生活，职业能力与创新素养，参与构建可持续发展的未来。这些表述是不是让我们脑洞大开？芬兰的教育是在思考未来，面向未来。

回过头再去想，钱学森的技术与艺术的结合，周海宏的感性思维与理性思维的结合，钱颖一提出的创造力等于知识乘以好奇心和想象力，都是非常有深意的。如果一个孩子具备相对来说比较矛盾的两种特质，他一定是面向未来的人才。

三、结语

最后，我以刺猬和狐狸的故事来做个总结。

在古希腊寓言里，狐狸想尽各种办法要吃刺猬，而刺猬只有一个办法，就是把自己卷起来。你希望你的孩子做狐狸还是做刺猬？如果你问我这个问题，我的答案可能是，孩子既要做狐狸也要做刺猬。

我们需要对自我有深刻的认知，就像我发现自己是一个内向的人，我就锻炼自己，让自己变得外向一些。这样，当有一天你发现自己的身边都是狐狸的时候，你可以选择做刺猬；当你发现自己的身边都是刺猬的时候，你可以选择做狐狸。这样，你的世界就开阔了。

（*2017* 年 *5* 月）